Technique for Airline Cabin Service

항공객실서비스 테크닉

BASIC

CENGAGE

Technique for Airline Cabin Service: Basic

Lee Chi Min
Myung Hye Ree

ISBN-13: 978-89-6218-529-4

Cengage Learning Korea Ltd.
14F YTN Newsquare 76 Sangamsan-ro
Mapo-gu Seoul 03926 Korea
Tel: (82) 2 330 7000
Fax: (82) 2 330 7001

Cengage Learning is a leading provider of customized learning solutions with office locations around the globe, including Singapore, the United Kingdom, Australia, Mexico, Brazil, and Japan.
Locate your local office at: **www.cengage.com**

Cengage Learning products are represented in Canada by Nelson Education, Ltd.

To learn more about Cengage Learning Solutions, visit **www.cengageasia.com**

Printed in Korea
Print Number: 01 Print Year: 2021

Technique for Airline Cabin Service

항공객실서비스 테크닉

BASIC

이지민 · 명혜리 공저

CENGAGE

Andover • Melbourne • Mexico City • Stamford, CT • Toronto • Hong Kong • New Delhi • Seoul • Singapore • Tokyo

이지민 인하대학교 대학원 경영학과 졸업(경영학 박사)
대한항공 객실승무부 객실사무장
대한항공 객실훈련원 상위클래스 전문과정 강사
인하공업전문대학 항공운항과 겸임교수
국가직무능력표준(NCS) 개발위원
현) 신구대학교 항공서비스과 전임교수

명혜리 세종대학교 대학원 호텔관광경영학과 졸업(호텔관광경영학 박사)
대한항공 객실승무부 객실부사무장
인하공업전문대학 항공운항과 외래교수
현) 에이치알교육연구소 소장
신구대학교 항공서비스과 겸임교수

Technique for Airline Cabin Service
항공객실서비스 테크닉

BASIC

초판 1쇄 인쇄 2021년 12월 16일
초판 1쇄 발행 2021년 12월 21일
지은이 이지민, 명혜리
편집 김민정
발행인 송성현
발행처 센게이지러닝코리아(주)
등록번호 제313-2007-000074호(2007.3.19)
주소 서울시 마포구 상암산로 76 YTN 뉴스퀘어 14층
전화 02)330-7000
이메일 asia.infokorea@cengage.com
홈페이지 www.cengage.co.kr
ISBN-13 978-89-6218-529-4

정가 26,000원

머리말

21세기, 4차 산업혁명 시대를 살고 있는 우리에게 정치, 경제, 사회문화를 포함한 제 분야에 걸쳐 국가 간에 생산된 정보와 데이터의 실시간 교류는 필수 요건이 되었고, 지구촌 왕래의 일상화로 항공망 규모의 확대와 항공 산업의 발전은 명백한 현실로 나타나고 있다. 최근 항공업계의 주요 이슈를 정리해 보면, Post-COVID 시기의 항공 수요자 소비패턴의 변화, 개인별 요구에 맞춘 테마별 여행상품의 증가, 항공 모바일 앱의 상용화 추진, 친환경 정책에 따른 차세대 항공기의 도입 및 개발을 위한 추진 등이다. 또한 항공시장의 네트워크화와 이로 인한 경쟁 심화는 항공사가 자사의 경쟁력 확보를 위해 고객에 대한 서비스 품질 향상, 서비스 인적 자원 선발, 교육 · 훈련에 총력을 기울이게 할 것이다.

저자들은 이러한 환경 변화에 대한 탐색을 거쳐 항공 객실 서비스 교육부문의 실제적인 적용방안을 마련함으로써 항공 서비스 전문가가 되기 위해 대학과 직업전문 교육기관에서 전문지식과 스킬을 배우고 익히는 전공자들에게 새로운 학습방식을 제공하고자 이 교재를 집필하게 되었다. 2인의 저자는 항공사 실무경험과 다년간의 강의 · 교육 자료, 최근 산업현장의 실무내용과 사례를 항공 객실 서비스 직무역량 기반으로 재구성하여 집필하고, 학습자가 연습을 통해 테크닉을 습득하게 하는 자기주도학습 도구를 개발하는 공동 연구를 했다. 이 연구는 학습자가 능동적으로 객실 승무원의 서비스 직무를 파악하고 직무의 실제적인 수행이 가능하도록 하는 데 중점을 두었다. 이를 위해 학습자는 국내외 항공사의 구체적인 서비스 사례를 접하고, 강의부분별 주요 메시

지에 대한 코칭 에센스를 정리하며, 실무실습 강의에서 워크시트와 실습일지를 작성하고, 필수적인 서비스 표준 동작을 담은 동영상 자료를 시청하며 반복학습을 하게 된다.

교재의 구성을 살펴보면, 1부에는 항공 객실 서비스와 객실 승무직의 이해를 돕고자 항공 객실 서비스의 의의와 특성, 서비스 품질관리, CRM, 객실 승무원의 자기 관리에 대한 내용을 담았다. 2부에는 항공 객실 서비스를 수행하기 위해 기본적으로 익혀야 할 이미지 메이킹, 자세, 고객 응대 서비스에 대해 정리하고, 자기주도적으로 학습할 수 있는 동영상과 실습일지를 담았다. 3부는 직무역량 기반 학습으로, 항공 객실 안전을 위해 사용법을 익혀야 할 장비와 기내 일상 안전 업무, 비정상상황의 안전 업무를 이론과 실습을 통해 배우도록 했다. 마지막으로 4부는 직무역량을 기반으로 한 항공 객실 서비스 직무 내용을 실제 국내선 비행에 적용하여 항공기 탑승 전 준비단계와 탑승 후 객실 서비스로 구분하고, 근무공간의 이동순서별, 서비스 프로세스별로 정리하며, 실제로 학습자가 모의비행 영상을 제작하도록 구성했다.

이 교재가 독자들의 자기주도학습에 도움이 되어 항공계를 빛낼 서비스 전문가가 많이 배출되기를 바라는 간절한 기도와 후속 연구인 '항공객실서비스 테크닉: 마스터' 편의 완성을 기대하는 마음을 이 글에 담는다. 이 책이 출간되기까지 많은 분들의 도움을 받았다. 센게이지러닝의 권오영 차장님, 김민정 대리님 그리고 사진과 영상촬영, 편집을 담당하신 여러 선생님들, 최근 항공사의 서비스 실무 내용 감수를 도와주신 대한항공, 진에어, 티웨이항공의 관계자분들, 사진과 영상제작을 도운 제자 성혁, 도연, 하나에게 이 지면을 빌려 감사의 마음을 전한다. 마지막으로 완성도 높은 집필을 위해 의견을 개진하고 조율하며 함께 연구해 준 명혜리 박사에게 감사와 사랑을 전한다.

2021년 12월

이지민

차례

PART_1

PART_2

항공 객실 서비스 기본 72

CHAPTER 03

항공 객실 승무원 이미지 메이킹 75

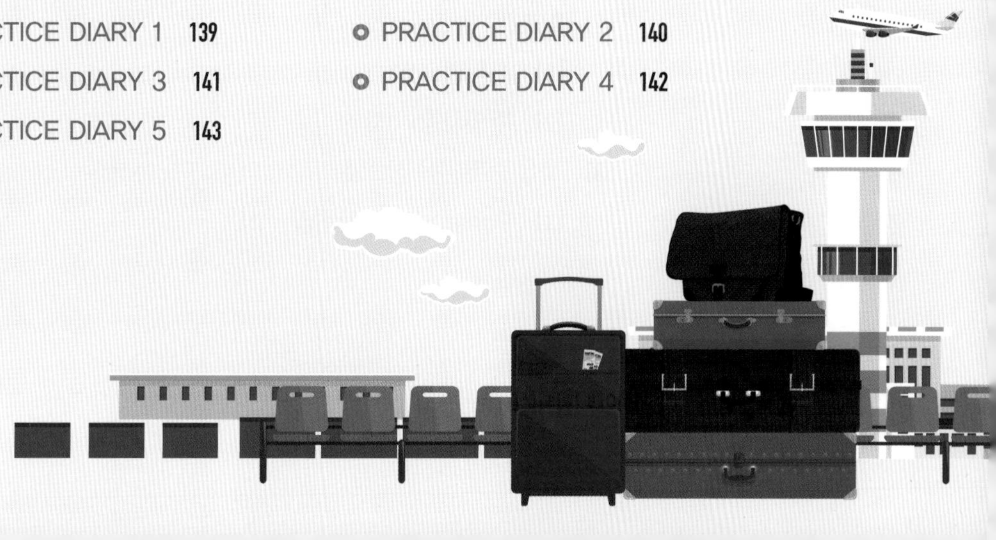

PART_3

항공 객실 안전 144

CHAPTER 07

기내 일상 안전 업무 163

CHAPTER 08

비정상상황 안전 업무 185

PART

1

항공 객실 서비스 개요

(2) 기초 화장

화장법(make-up)의 첫 순서인 기초 화장은 깨끗한 피부를 유지하기 위한 가장 중요한 단계이다. 항상 클렌징과 세안을 철저히 하고 지속적으로 피부 관리를 해야 한다. 특히 건조한 객실 환경에서는 수분 관리가 필수이며, 자신의 피부 타입에 따라 단계별로 꼼꼼하게 기초 화장을 하는 습관을 기르도록 한다. 기초 화장은 보통 토너, 아이크림, 에센스, 크림의 순서로 한다.

(3) 피부 화장

기초 화장이 마무리되면, 먼저 자외선 및 기내 조명으로부터 피부를 보호하기 위해 자외선 차단제를 바른다. 또한 화장품과 오염된 환경으로부터 피부를 보호하기 위해 메이크업 베이스를 사용하는데 이때 색상은 자신의 피부색을 중화할 수 있는 색으로 선택한다. 얼굴에 흉터나 잡티, 다크서클 등이 있다면 파운데이션을 바르기보다는 피부색보다 한 단계 밝은 컨실러를 이용하여 피부 결점을 보완하고 피부톤을 고르게 한다.

파운데이션은 자신의 피부톤과 잘 맞는 색상을 선택하여 목과 얼굴의 피부색 차이가 두드러지지 않게 얇게 펴서 바르도록 한다. 건조한 기내 환경에서 오랫동안 화장이 유지되도록 가급적 수분 함유량이 높은 제품을 선택하여 피부톤을 고르게 정리한다.

피부 유형에 따른 관리법

피부는 신체를 둘러싸고 있는 막으로 되어 있으며 외부로부터 몸을 보호해 주는 기관이다. 아름다운 피부는 깨끗한 이미지의 첫인상을 준다. 인간의 피부가 가장 아름다운 시기는 17~18세이다. 20대 이전의 아름답고 건강한 피부는 20대 초반에 접어들면서 이미 노화가 시작된다. 그러므로 피부 관리를 어떻게 하느냐에 따라 젊고 아름다운 피부를 오랫동안 간직할 수 있는 여부가 결정된다.

피부는 외부와 직접 접촉하는 신체 부위로 대내외적인 자극에 대해 보호 · 체온조절 · 지각 · 배설 · 분비작용 · 비타민D 생성 등의 작용을 하며, 인체 내부의 항상성을 유지시키며 세포 간의 대사를 원활하게 하는 순환작용과 함께 인체의 정상 활동을 유지하게 하는 중요한 기능을 한다. 피부는 피지의 분비량에 따라 크게 건성 · 중성 · 지성 피부로 나뉘며 그 외에 복합성 · 민감성 여드름 피부가 있다.

건성 피부

건성 피부는 피부 표면의 피지 분비가 감소하여 피부 표면이 거칠고 건조한 피부이다. 세안을 한 뒤, 얼굴이 땅기고 외부 환경으로부터 피부가 쉽게 건조해지고 피지가 없기 때문에 주름이 빨리 생긴다. 이 외에도 각질이 자주 일어나고 메이크업이 잘 될 수 있다. 건성 피부의 관리법은 다음과 같다.

- 물을 많이 마셔서 피부를 건조하지 않게 한다.
- 수분과 유분이 함유된 화장품을 적절히 잘 사용하고 영양 팩과 마사지 등을 통해 피부 관리에 세심하게 신경을 쓴다.
- 실내의 습도와 온도를 적절하게 유지하여 피부의 수분 증발을 막는다.

중성 피부

중성 피부는 피지 분비량이 정상인 피부로 피부 유형 중 가장 이상적인 타입이다. 피부는 건강할 때 꾸준한 기초 손질로 양호하게 유지하고, 계절 변화에 민감하므로 계절에 따른 적절한 관리를 해야 한다.

복합성 피부

복합성 피부는 이마, 코 등 T-zone 부위에 피지 분비가 많은 것에 비해 볼 부분은 피지 분비가 적은 피부이다. 외부의 환경과 호르몬의 분비 이상에 의해 결정되므로 여성이 남성보다 복합성 피부가 더 많은 것이 특징이다. 또 복합성 피부는 눈가가 건조하여 잔주름이 생기고 피부조직이 고르지 못해 T-zone 부위가 번들거린다. 복합성 피부의 관리법은 다음과 같다.

- T-zone 부위와 그 외 광대뼈나 볼 부위 등의 U-zone의 밸런스를 맞추기 위해 부위별로 화장품을 달리 사용한다.
- 1주일에 1~2번 정도 T-zone 부위에 딥 클렌징을 하여 노폐물을 제거한다.
- 복합성 피부는 얼굴에 트러블(뾰루지 등)이 생기기 쉬우므로 1주일에 2번 정도 팩을 하여 피부를 진정시켜 준다.
- 눈가가 건조하기 때문에 주름이 생기기 쉬우므로 아이크림을 충분이 발라 준다.

지성 피부

지성 피부는 피부 표면의 피지가 과도하게 분비되는 피부이다. 피지 분비량이 많아 번들거리며 여드름이나 뾰루지 같은 트러블이 생긴다. 지성 피부는 다음과 같이 관리하도록 한다.

- 이중세안으로 청결을 유지한다.
- 1주일에 2번 이상 딥클렌징 팩(deep cleansing pack)을 하여 피부 표면의 노폐물을 제거한다.
- 화장품은 유분이 적은 제품이나 없는 제품을 사용한다.

민감성 피부

민감성 피부는 면역기능이 약화되어 외부의 자극에 쉽게 반응하는 피부이다. 민감성 피부의 원인에는 피부의 각화과정이 다른 피부보다 더 빠르게 진행되어 피부가 얇아지는 유전적인 요인, 자외선과 열에 의한 자극, 질병, 스트레스, 환경오염, 잘못된 화장품 선택과 관리 등의 환경적인 요인이 있는데, 후자의 요인으로 피부가 손상되는 경우가 더 많다. 민감성 피부를 관리할 때에는 다음을 주의한다.

- 화장품은 피부가 자극을 받지 않도록 전문의와 상의해서 선택하도록 한다.
- 스트레스를 방지하며 적절한 운동을 하고 영양가 있는 음식을 골고루 섭취하며 면역력을 높이는 것이 중요하다.
- 자외선 등 외부의 환경에 피부가 노출되지 않도록 세심한 노력을 기울인다.

여드름 피부

여드름 피부는 모낭에 있는 피지선의 피지가 피부 표면에 배출되지 못하고 모공 내에 쌓여 모낭 구조가 파괴되는 피부를 말한다. 유전적인 요인과 스트레스, 호르몬, 잘못된 화장품의 사용, 불규칙적이거나 잘못된 식생활 습관에 의해 발생하며 여드름 피부의 관리법은 다음과 같다.

- 여드름 전용 화장품을 사용한다.
- 세안을 꼼꼼히 하고 1주일에 2번 이상 딥 클렌징을 하여 모공 속에 노폐물이 쌓이지 않도록 한다.
- 여드름을 손으로 만지지 말며, 세균이 들어가지 못하도록 피부를 청결하게 관리한다.

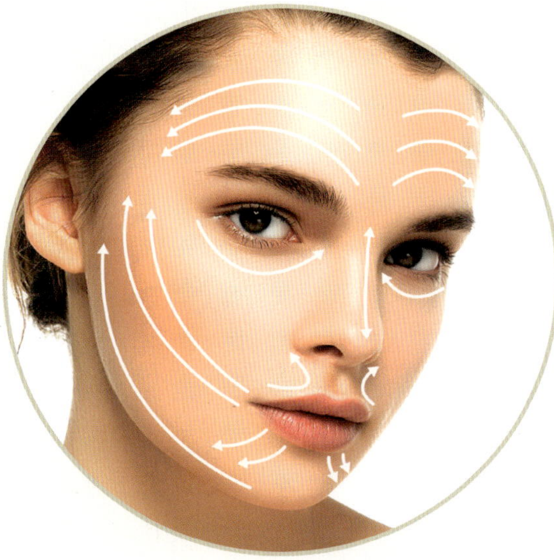

피부결에 맞는 얼굴 마사지 방법

피부 화장의 마무리는 파우더로 하는데, 투명이나 반투명 파우더를 퍼프로 두드리듯이 얼굴에 펴 발라 파운데이션의 유분기를 제거한다. 지나치게 많은 양의 파우더를 사용하면 피부톤이 두껍게 표현되므로, 파우더 양을 적절히 조절한다. 비행 중에도 보송한 피부를 유지할 수 있도록 항상 신경 써야 한다.

(4) 색조 화장

■ 눈썹(Eyebrow)

적절하게 다듬고 잘 그려진 눈썹은 얼굴을 더욱 아름답게 보이게 하고, 인상을 부드럽게 해 준다. 눈썹의 색상은 마스카라 색과 동일한 색으로 선택한다. 일반적으로 검은색과 브라운색을 적절히 섞어 자연스럽게 눈썹의 윤곽을 메운다. 또한 주기적으로 눈썹 정리를 하여 항상 깔끔한 인상을 유지하도록 한다. 눈썹을 그리는 방법은 다음과 같다.

- 눈썹을 그리기 전에 눈썹이 난 방향을 따라 브러시로 정리한다.
- 눈썹산의 위치는 전체 눈썹길이의 2/3지점이다.
- 눈썹꼬리는 콧방울과 눈꼬리를 45° 각도로 연장한 선에서 끝나게 하고 눈썹머리보다 아래로 처지지 않도록 한다.
- 눈썹 앞머리에 자연스럽게 음영을 넣어 주고 눈썹산 부분은 조금 더 진하게 처리하며 끝부분으로 갈수록 깔끔하게 마무리한다.

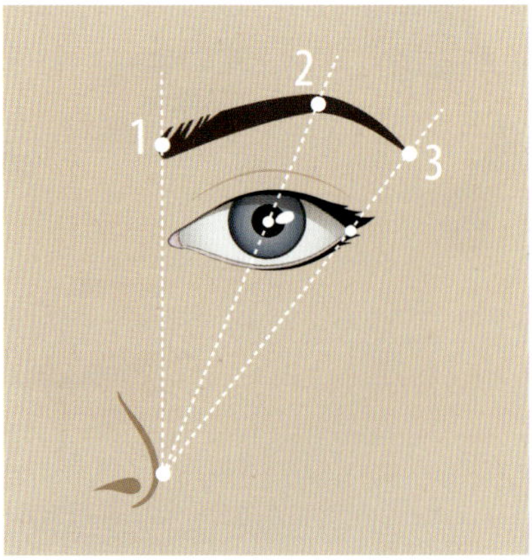

© Getty Images Bank

알맞은 눈썹 모양을 그리는 방법

■ 아이섀도(Eye Shadow)

부드러운 눈, 빛나는 눈, 자연스러운 눈 등은 모두 선택한 색상과 위치에 맞게 아이섀도를 발라 연출할 수 있다. 밝고 화사한 이미지를 줄 수 있는 색상 계열로 뭉치지 않게 가볍게 펴 발라 준다.

■ 아이라인(Eye Line)

아이라이너는 눈을 뚜렷하게 부각해 주는 메이크업이다. 아이라이너는 눈의 바깥쪽을 더 길게 연장하거나 위로 올려 주는 등의 방법을 통해 눈 모양을 예쁘게 하거나 바꾸어 주는 데 사용된다. 아이라인은 액상이나 펜슬 타입으로 사용할 수 있으며 색상은 블랙, 다크브라운이 적합하다. 그러나 눈망울 아래에 진한 아이라인 화장을 하는 것은 삼간다. 또렷한 눈매 표현을 위해 마스카라는 하되 지나치게 많이 하여 두껍게 뭉치거나 번지지 않도록 한다.

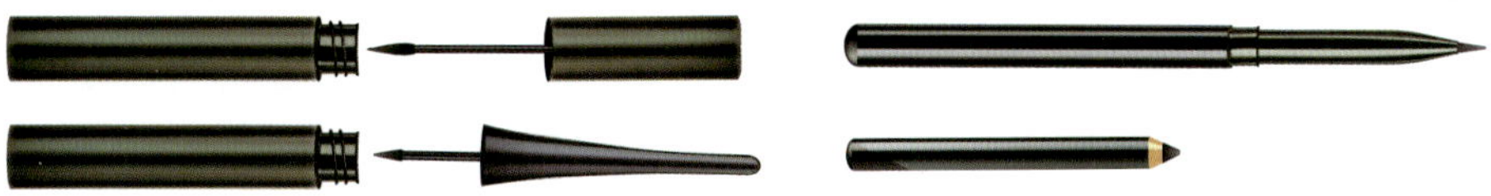

다양한 형태의 아이라이너

■ 입술(Lip)

립라이너(lipliner)를 이용하여 입술 윤곽을 그리되 지나친 입술 수정은 피한다. 립스틱은 아이섀도와 조화를 이루는 화사한 색상을 선택하여 입술 전체에 펴 바른다. 자신에게 맞는 립컬러를 사용하여 생기 있고 윤기 있는 입술을 표현한다.

다양한 색상의 립스틱

■ 블러셔(Blusher)

화장(make-up)을 마무리할 때에는 생동감 있고 화사한 분위기 연출을 위해 얼굴형에 어울리는 볼 화장을 하는 데 경계선이 보이지 않도록 주의한다. 블러셔를 바르기에 적당한 위치는 얼굴이 정면을 보고 있을 때 검은 눈동자가 위치하는 곳에서 수직으로 내리고 코 끝부분을 수평으로 연결하여 만나는 바깥 지점이다.

얼굴형에 따른 화장법

얼굴형에 따른 아이라인 연출법

- **큰 눈:** 큰 눈이 강조되지 않도록 속눈썹에 가깝게 가늘면서 연하게 그린다.
- **작은 눈:** 작은 눈이 커 보이도록 위 라인을 조금 길게 연장하여 그리는데, 그중 눈의 끝부분을 굵게 그리고 눈꼬리의 위 라인과 아래 라인이 만나지 않도록 그린다.
- **가는 눈:** 눈이 둥글게 보이도록 눈의 중앙을 굵게 그린다.
- **동그란 눈:** 눈 앞머리와 꼬리 부분을 굵게 그려 준다.
- **처진 눈:** 눈 앞머리에서 3/4정도는 눈꺼풀을 따라 그리고 뒷부분에서 수평으로 길고 두껍게 그려 주어 눈끝이 올라가 보이도록 한다.
- **올라간 눈:** 섀도(shadow)로 위 라인의 앞머리를 두껍게 그리고 뒤로 가면서 가늘고 길게 처지도록 그려 준다. 이때 아래 라인은 섀도로 직선의 느낌이 나도록 메워 준다.

얼굴형에 따른 브러시 연출법

둥근 얼굴형

얼굴선을 따라 광대뼈에서 관자놀이 쪽으로 바른다. 브러시의 끝을 입꼬리나 인중을 향하여 바르면, 보다 선명한 이미지를 연출할 수 있다.

긴 얼굴형

양볼에 둥근 느낌이 들도록 가로 방향으로 브러시를 바른다. 볼 아래를 향해 넓게 바르고 이마와 턱 부분에도 섀딩(shading: 명암처리)을 한다. 광대뼈를 중

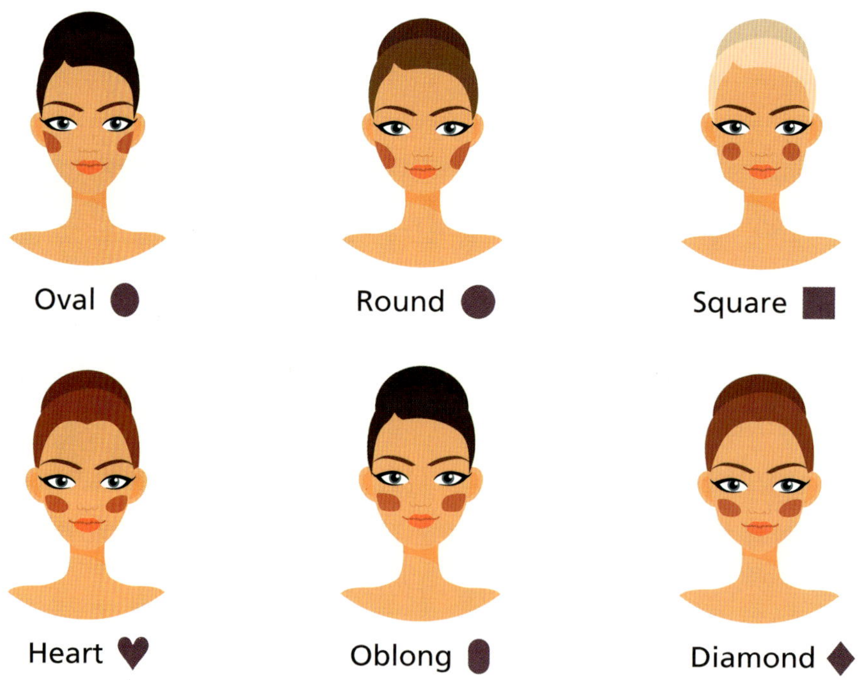

얼굴형에 따른 브러시 방법

심으로 콧방울과 입꼬리를 향해 가로 방향으로 브러시를 바르면 세련된 이미지를 연출할 수 있다.

각진 얼굴형

진한 색상을 이용하여 얼굴 바깥선에서 볼에 이르는 부분을 아래 방향으로 넓게 바르고 각진 턱선을 진한 색상으로 커버한다. 광대뼈와 턱뼈를 비스듬히 감싸 안듯이 브러시를 바르면 전체 얼굴이 갸름해 보인다. 이때 목선과 너무 대조되지 않도록 얼굴의 각진 부분이 두드러지지 않도록 표현한다.

얼굴형에 따른 컨투어링 연출법

긴 얼굴형

눈썹 형태와 메이크업 시 하이라이트, 섀딩, 브러시의 다양한 방법으로 얼굴형을 커버하고, 중간 정도 색상을 이용하여 눈과 입술을 강조한다. 메이크업 시 얼굴의 장점인 세련된 느낌을 살리고, 창백해 보이거나 차갑게 보이는 이미지는 줄이는 것이 좋다.

둥근 얼굴형

눈썹 형태와 메이크업 시 하이라이트, 섀딩, 브러시의 다양한 방법으로 얼굴형을 커버하고, 강한 느낌의 색상을 이용하여 눈과 입술을 강조한다. 메이크업 시 여성스럽고 모던한 느낌과 시원스럽게 보일 수 있도록 메이크업을 연출하는 것이 좋다.

각진 얼굴형

눈썹 형태와 메이크업 시 하이라이트, 섀딩, 브러시의 다양한 방법으로 얼굴형을 커버하고, 연한 색상을 이용하여 눈과 입술을 강조한다. 여성스러움을 살리고, 강하면서도 부드러운 느낌이 들도록 메이크업을 연출하는 것이 좋다.

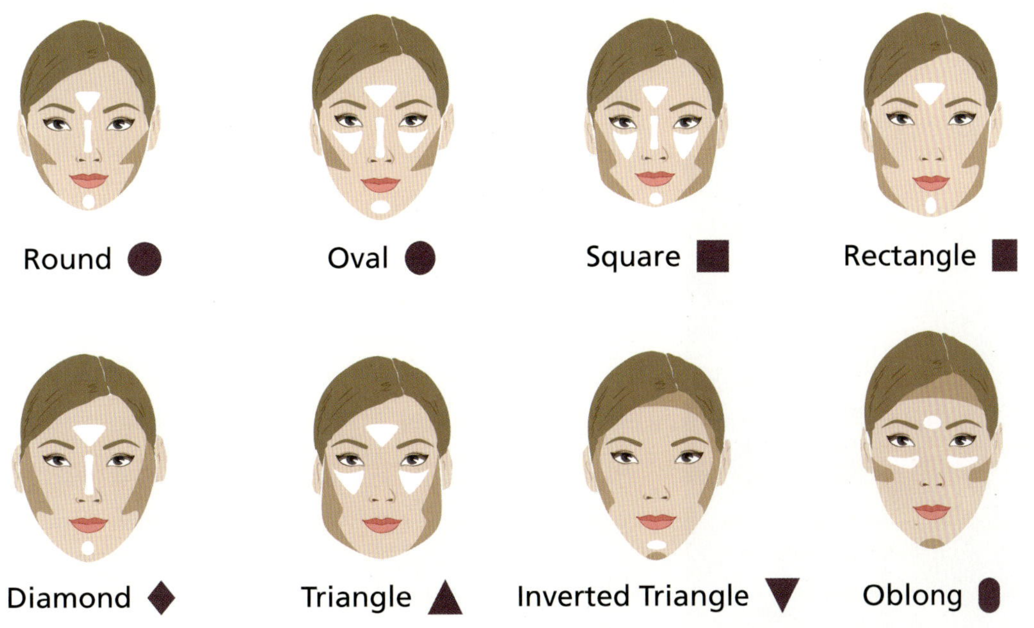

얼굴형에 따른 컨투어링 방법

2) 여승무원 헤어 손질(Hair-Do)

객실 승무원의 헤어 손질은 제복 및 자신의 얼굴형과 조화를 이루어야 하고 업무 타입에 따라 일의 능률과도 직결되므로 특성에 맞는 헤어스타일을 선택하도록 한다. 객실 승무원은 유니폼에 잘 어울리는 헤어스타일을 선택하여 단정하고 깔끔한 느낌으로 정리한다. 손질하지 않은 파마, 화려한 색상의 머리 염색은 원칙적으로 금지하며 머리 장식품으로 요란한 핀이나 밴드는 사용하지 않도록 한다.

Up Style 연출해 보기

- 볼륨을 주고 싶은 머리 부분을 잡아 120도 이상으로 각도를 깊이 주고 머리 뒷면에서 한 방향으로 머리 표면을 빗질한다.
- 볼륨을 주고 싶은 부분을 잡아서 머리를 묶기 바로 직전에 뒤에서 살짝 밀어 준다.

(1) 기초 헤어 손질(Basic Hair-Do)

헤어스타일은 자신의 이미지를 표현하는 가장 결정적인 부분이다. 승객 설문조사 결과 '여승무원' 하면 가장 먼저 떠오르는 인상이 머리를 단정히 빗어 올려 망으로 고정한 헤어스타일이었다. 비행 근무 중에는 유행이나 개성 있는 헤어스타일을 잠시 접어 두고 유니폼을 입은 모습에 가장 잘 어울리는 헤어스타일을 연출해야 한다.

머리 손질의 기본 요소로 청결과 단정, 세련미를 들 수 있으며, 항상 청결하고 건강한 모발 상태를 유지할 수 있도록 노력해야 한다. 스타일링(styling) 시에는 헤어드라이어를 이용하여 단정한 모습을 연출해야 한다. 또한 비행 중에는 헤어스타일이 흐트러지지 않도록 헤어스타일링 제품을 꼭 사용하여 고정 상태를 유지해야 한다.

■ 짧은 헤어스타일

뒷머리가 지나치게 층이 지지 않게 가지런히 정리한다. 앞머리는 눈을 가리지 않아야 하며 서비스할 때 옆머리가 흘러내리지 않도록 고정해야 한다.

■ 긴 헤어스타일

긴 헤어스타일은 항공사마다 허용범위가 상이하나 French twist style과 망으로 감싸 묶는 bun style, ponytail 등이 있다. bun style의 경우에 묶는 위치로는 뒷머리의 중단을 권장한다. 잔머리는 헤어스타일링 제품을 사용하여 깔끔하게 정리한다.

피해야 할 헤어스타일

- 지나치게 눈에 띄는 헤어스타일
- 부분 염색
- 염색한 머리카락 색상과 새로 자란 머리카락 색상의 두드러진 구분

(2) 헤어 액세서리(Hair Accessory)

헤어 액세서리는 회사에서 지정한 것만 허용된다. 대한항공의 경우 회사 지급품의 색상은 청색과 베이지색 중에서 선택하는데, 헤어핀이나 헤어밴드가 헤어스타일링 제품에 의해 변색이나 탈색되었을 경우에는 즉시 교체하여 항상 깨끗한 상태를 유지해야 한다.

■ 헤어밴드(Hair Band)

짧은 헤어스타일에 사용하는 헤어밴드는 리본을 가르마와 대칭 방향으로 착용한다. 가르마가 없는 경우에는 스카프와 대칭 방향인 오른쪽으로 착용한다. 단발 스타일은 가급적 헤어밴드를 착용해야 하며 컷 스타일(cut style)은 자신의 의사에 따라 착용한다.

■ 헤어핀(Hair Pin)

원형고리핀이 왼쪽으로 오게 하여 착용한다.

항공사에서 지급하는 여러 종류의 헤어 액세서리

■ 망 · 보조 핀 · 고정용 핀

미세망 사용법

- 머리를 묶고 망으로 머리를 감싸 고정한다.
- 헤어핀을 꽂는다.
- 망을 헤어핀에 고정한 후 부착하여 사용하는 경우에는 머리를 묶어 고정한 위치에서 헤어핀을 먼저 꽂는다.
- 망으로 감싼다.

미세망의 깔끔한 정리법

- 망을 단단하게 해 주는 것이 중요하다.
- 망 속에 머리를 넣고 양옆의 남은 망으로 머리가 묶인 부분을 감싸듯 묶어 준다.
- 묶은 매듭에 실핀이나 U자 핀을 끼워 확실하게 고정한다.

핀 사용법

- 보조 핀(U자형 핀)은 긴 헤어스타일에만 사용하는데 잔머리 부분을 헤어 스타일링 제품으로 고정한 뒤에 꽂는다.
- 고정형 핀은 일정 방향으로 가르마를 한 상태에서 고정한 후 착용한다.

3) 남승무원 헤어 손질

남승무원의 경우 항상 단정하고 깔끔한 헤어스타일을 유지해야 한다. 앞머리는 눈썹을 가리지 않아야 하며, 옆머리는 귀를 덮지 않도록 하여 짧은 길이를 유지하도록 한다. 또한 뒷머리는 유니폼 셔츠 깃의 상단에 닿지 않는 길이가 적당하다. 곱슬머리는 반드시 헤어드라이어로 손질하여 단정한 느낌을 주어야 한다.

© Sorbis/Shutterstock.com

2. 항공 객실 승무원 복장

객실 승무원의 유니폼은 항공사 이미지를 전달하는 도구로서 회사와 승무원을 대표하는 복장(fashion)이다. 또한 객실 승무원 간의 일체감과 결속력을 높이는 데 큰 역할을 한다. 객실 승무원의 유니폼은 객실 근무 시에는 물론이고 공항 내 또는 해외 어디에서나 많은 사람들의 시선을 받게 되므로 항상 단정하고 깨끗한 상태를 유지하도록 한다.

1) 유니폼

유니폼(uniform)은 몸에 맞는 사이즈를 선택하여 착용함으로써 단정한 모습을 보여 줄 수 있다. 스커트의 길이나 폭은 업무에 불편함을 주지 않도록 세심한 신경을 쓰는 것도 필요하다. 단추가 떨어져 있는지 스커트의 바느질이 터진 곳은 없는지 확인하도록 한다. 또한 이름표와 항공마크(wing) 등의 부착물을 정위치에 삐뚤어지지 않게 부착한다. 스타킹은 회사에서 지정한 색상을 착용하고 올이 나가지 않았는지 세심한 주의를 하며 여분의 스타킹을 준비하도록 한다. 구두는 잘 닦아서 깨끗하고 광택이 나게 유지한다. 걸을 때에는 구두를 끌지 않도록 자신의 발 사이즈에 잘 맞는 것을 선택한다. 서비스 시 착용하는 앞치마 또한 구김이 생기지 않도록 다림질을 하여 보관하고 관리한다. 유니폼은 자주 세탁하여 항상 청결하게 유지하도록 한다.

(1) 유니폼 착용 시 여승무원 액세서리

유니폼을 착용한 승무원은 개성을 드러내는 화려한 액세서리보다는 단정하고 지적인 이미지를 부각할 수 있는 심플한 액세서리를 착용하도록 한다.

■ 시계

시계는 반드시 착용하도록 한다.

■ 반지

반지는 심플한 디자인으로 돌출되지 않은 디자인을 권장한다.

■ 귀걸이

자유롭게 착용하되 한쪽 귀에 하나씩만 착용하는 것을 권장한다.

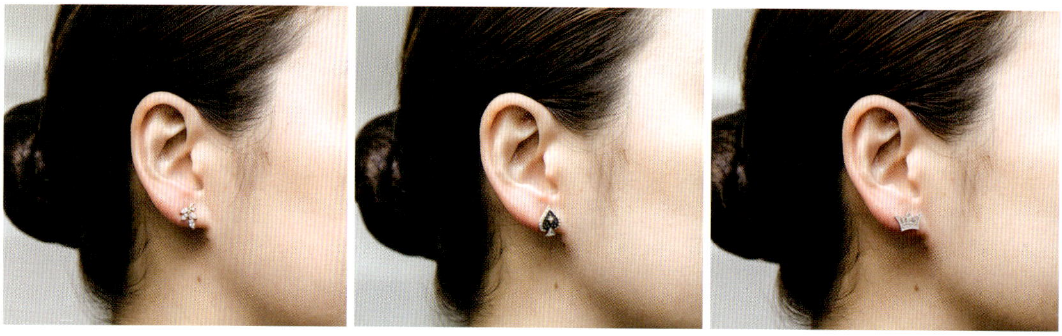

(2) 유니폼 착용 시 남승무원 액세서리

■ 넥타이핀(Necktie Pin)

유니폼 착용 시에는 지급품 넥타이핀을 착용해야 한다. 넥타이핀은 넥타이를 맨 상태에서 위에서 2/3 지점에 꽂는다.

■ 벨트(Belt)

버클(buckle)의 도금을 비롯하여 벨트 상태가 양호하지 못할 경우, 즉시 교체하여 착용한다.

■ 기타

피어싱(piercing)이나 문신 등 승무원의 이미지에 어울리지 않고 회사에서 제시한 액세서리 이외의 장신구는 착용이 금지되어 있다.

적합한 매니큐어 색상

2) 매니큐어 및 페디큐어(Manicure & Pedicure)

손은 항상 청결을 유지한다. 여승무원의 경우 반드시 매니큐어를 발라야 하는데, 립스틱과 같은 계열의 색상이나 투명색의 매니큐어를 사용하도록 한다. 항공사마다 차이가 있으나 그라데이션이나 프렌치, 파치 등의 네일아트가 허용되고 있는 추세이다.

3) 기타 주의사항

남승무원의 경우 비행 전에 반드시 면도를 해야 하며, 면도 후에는 로션(aftershave lotion)을 바르고 피부톤을 정돈한다. 객실 승무원은 자신의 체취와 잘 어울리는 은은한 향의 향수를 사용한다. 치아는 건강하고 깨끗하게 유지하고 담배나 커피 등에 의해 착색이 심한 경우에는 치아 미백 관리를 하여 깨끗한 치아를 유지한다. 단순 미용을 목적으로 하는 컬러렌즈나 서클렌즈의 착용은 절대 금한다.

4) 시간, 공간 및 상황에 맞는 옷차림

객실 승무원으로서 품위 유지를 위해 시간(time), 장소(place), 상황(occasion)에 맞는 옷차림 예절을 지키는 것은 매우 중요하다.

(1) 편승(Extra) 근무 시 옷차림

다음 근무 비행을 위해 비행기에 탑승한 후 사복을 입고 지정된 좌석에 착석하는 것을 편승이라 한다. 편승도 근무의 연장이므로 편안하면서도 승무원의 품위를 유지할 수 있는 복장을 한다. 상의로는 셔츠보다는 재킷이나 카디건(cardigan)이 좋고, 하의로는 구김이 없는 바지나 스커트가 적당하다. 유니폼 재킷을 덮고 휴식을 취하는 모습은 절대 삼간다.

(2) 출 · 퇴근 시 옷차림

출 · 퇴근 시의 옷차림은 항공사마다 상이하나 유니폼 착용이나 정장 복장을 원칙으로 한다. 유니폼을 착용한 출 · 퇴근 시 명찰은 패용하지 않는다. 비행에 준하는 용모를 유지하고 구두는 지급된 것이나 그에 준하는 색상의 정장

© Roman Babakin/Shutterstock.com

겨울철 코트를 입고 출근하는 승무원

구두를 신는다.

여승무원의 경우 스타킹을 반드시 착용한 상태여야 하며, 유니폼을 입은 채로 출·퇴근할 때에는 주거지와 공항 간 이동으로 제한한다. 유니폼 착용 상태로 음주를 하는 것은 금지되어 있으니 반드시 유의해야 한다.

정장 차림의 출·퇴근 시에는 단정한 스타일을 유지해야 한다. 캐주얼 차림이나 지나치게 유행을 따르는 디자인은 피하도록 한다.

(3) 회의·교육 참석 시

회의와 교육도 업무의 연장이므로 단정한 정장 차림이 적합하다. 화려한 색상이나 노출이 심한 복장은 피하고 적당한 액세서리로 포인트를 주는 것이 좋다.

(4) 해외 체류 시

격식을 갖춘 일류 호텔에서 지나치게 편한 캐주얼 차림은 예의에 다소 어긋난다. 품위 있는 자리에는 품격 있는 복장으로 참석하는 것이 매너이다. 해외 체류 시 팀원들 간의 회식·쇼핑·관광 등 상황에 맞는 센스 있는 옷차림이 필요하다. 또한 외출 시 지갑만 들고 다니기보다는 안전을 위해 작은 가방을 준비하여 지참한다.

객실 승무원의 필수휴대품으로는 항공사에서 지급하고 있는 여행용 가방(flight bag), 옷걸이(hanger), 구두(shoes), 서비스용 앞치마(apron) 등이 있다. 여행용 가방에는 비행 업무에 필요한 업무 규정집이나 여권, ID card, 승무원 등록카드, 기타 비행 근무에 필요한 물품만을 휴대할 수 있다. 승무원들에게 지급된 휴대품은 비행 업무 필요에 의해 지정한 것이므로 그 외 개인용 물품은 휴대하지 않도록 한다. 그러나 개인 휴대폰의 경우 객실 브리핑 시작부터 비행을 마친 후 입국장(국내선 도착장) 통과까지만 사용을 금한다. 단, 근무 종료 이후라도 제복 착용 시에는 이동 중 휴대폰 사용을 자제하고 통화가 필요할 때에는 적당한 곳에 멈춰서 사용하도록 한다.

승무원 용모 체크 포인트

남승무원 용모 체크 포인트

머리

- 앞머리나 옆머리가 귀를 가리지 않도록 한다.
- 유행에 지나치게 민감한 머리 모양은 타인에게 불쾌감을 줄 수 있다.
- 뒷머리가 와이셔츠 깃을 덮지 않도록 한다.
- 청결한 상태를 유지한다.

얼굴

- 상대에게 부드러운 인상을 주도록 미소 띤 밝은 표정을 짓는다.
- 스킨이나 로션 등을 바르고 항상 단정한 모습을 유지한다.
- 식사 후 청결 상태를 확인한다.

양복

- 화려한 원색은 삼가고 청결하고 단정하게 입는다.
- 연령, 성별, 계절, 근무 환경에 맞게 입는다.

와이셔츠

- 흰색이 원칙이며 와이셔츠 소매가 양복 소매 끝보다 1~1.5cm 정도 나오도록 입는다.
- 드레스 셔츠 칼라 뒷부분이 양복 상의보다 1cm 정도 밖으로 보이도록 입는다.

벨트

- 검은색이나 진갈색이 무난하다.
- 구두 소재나 색상과 조화를 이루는 것으로 착용한다.
- 요란한 무늬나 특정 회사의 상표가 있는 제품은 피한다.

양말

- 양복과 잘 어울리는 유사한 색으로 착용한다.
- 넥타이나 손수건 등과 구색을 맞춰도 좋다.
- 양복 바지와 조화를 이루도록 한다.
- 흰 양말은 삼가고 목이 긴 양말을 신는다.

넥타이

- 목 언저리까지 꼭 여미도록 한다.

- 양복과 조화되는 넥타이를 선택한다.
- 개성과 센스가 돋보일 수 있는 것으로 한다.
- 때, 얼룩, 구김이 없도록 한다.
- 넥타이는 벨트에 살짝 닿을 정도의 길이로 맨다.

구두

- 매일 닦아 광택이 나게 한다.
- 정장 차림에 캐주얼화는 삼간다.
- 디자인이나 색상, 소재보다는 발에 부담을 주지 않는 편안함을 우선시한다.

여승무원 용모 체크 포인트

머리

- 윤기 있는 건강한 머릿결을 항상 청결하게 유지한다.
- 지나치게 화려한 머리 장식이나 모양은 삼간다.
- 긴 머리는 활동하기 편하게 묶는다.

얼굴

- 미소 띤 밝은 표정을 한다.
- 얼굴 전체가 웃는 자연스러운 미소를 짓는다.
- 화장은 밝고 청순한 느낌이 들게 한다.

손톱과 스타킹

- 손톱은 깨끗한 상태를 유지한다.
- 스타킹은 피부색과 유사한 색으로 착용한다.

구두

- 검은색이나 진한 갈색이 양호하다.
- 겉옷과 어울리는 색상으로 한다.

향수

- 병문안이나 행사 참석 시에는 신중히 선택한다.
- 여러 가지를 함께 사용하지 말고 한 가지 향수만 사용한다.
- 적당량을 사용하여 향이 심하지 않게 한다.

PRACTICE DIARY

이미지 메이킹 성공 프로세스!

Step 1. SWOT 전략을 이용한 이미지 자가 진단

SWOT란 1971년 하버드대학의 켄 앤드루스(Ken Andrews) 교수에 의해 고안된 것으로 기업의 내부환경을 분석하여 강점과 약점을 발견하고 외부환경을 분석하여 기회와 위협을 찾아내어 마케팅 전략을 수립하는 것을 말하며 최근에는 경영학 이외에도 다양한 분야에서 활용되고 있다. S는 strength의 약자로 강점을 의미하고, W는 weakness의 약자로 약점을 의미하며, O는 기회(opportunity), T는 위협(threat)의 약자이다.

이 4가지 요소를 활용하여 자신의 강점과 약점을 파악한 후 강점을 자신만의 역량으로 배양하고 약점은 보완하는 계획을 수립해 본다. SWOT 분석을 활용한 자신의 이미지 분석을 기반으로 하여 서비스 전문인에 적합한 이미지 메이킹을 해 보자.

SWOT 분석을 활용한 이미지 분석 예시

	S(strength) 강점	W(weakness) 약점
O(opportunity) 기회	• 선해 보이는 얼굴 • 귀여운 눈웃음 • 깜찍한 보조개 • 자신감 있는 눈빛 • 차분한 표정	• 불안한 시선 • 어색한 미소 • 다소 올라간 눈매
T(threat) 위협	• 자신감 넘치는 이미지 • 신뢰할 수 있는 이미지 • 뭐든 잘 들어줄 것 같은 이미지 • 똑똑해 보이는 이미지	• 낯선 사람을 만났을 때 • 나에게 불만을 말하는 상황 • 엄마와 논쟁을 하는 상황 • 친구와 의견 충돌이 있을 때

나의 SWOT 분석 연습

내 이미지의 장점은?	보완해야 할 내 이미지는?
S	W
내가 보이고 싶은 이미지는?	**좋은 내 이미지가 탈이미지화되는 상황은?**
O	T

Step 2. 나의 이상향 이미지 설정

SWOT를 통해 자신의 이미지 분석이 끝났다면 자신이 이루고 싶은 이미지를 정해 보자.

이상향 이미지 설정 예시

- 나는 주도적 서비스 전문인으로 이미지 메이킹을 할 것이다.
- 나는 친절한 사람으로 이미지 메이킹을 할 것이다.
- 나는 스마트한 사람으로 이미지 메이킹을 할 것이다.

나의 이상향 이미지 설정 연습

- 나는 .... 이미지 메이킹을 할 것이다.
- 나는 .... 이미지 메이킹을 할 것이다.
- 나는 .... 이미지 메이킹을 할 것이다.

Step 3. 내가 원하는 이미지를 만들기 위한 계획 수립 및 실천

자신이 만들고 싶은 이미지를 설정했다면 이를 실현하기 위해 자기 객관화를 한다. 자기 객관화는 자신감 있는 모습을 지니기 위해 표정, 말투, 자세 등을 훈련하는 것이다. 그다음 우선순위를 정해 실천 계획을 세워 보자.

계획 수립 및 실천 예시

가장 먼저 할 일	1. 미소 연습 2. 말끝 흐리는 습관 고치기 3. 힘차게 걷는 연습
한 달 후에 할 일	1. 미소와 언어 습관을 들이기 위해 매일 노력하기 2. 거울로 표정 체크하기
3개월 후에 할 일	1. 선 자세 사진 찍기 2. 셀카 찍어서 표정 변화 살펴보기 3. 주변 사람들의 의견 듣기

나의 계획 수립 및 실천 연습

가장 먼저 할 일	1. 2. 3.
한 달 후에 할 일	1. 2. 3.
3개월 후에 할 일	1. 2. 3.

나의 이미지 메이킹 실천 체크

1개월째

1	2	3	4	5	6	7	8	9	10	11	12	13	14	15	16	17	18	19	20	21	22	23	24	25	26	27	28	29	30

2개월째

1	2	3	4	5	6	7	8	9	10	11	12	13	14	15	16	17	18	19	20	21	22	23	24	25	26	27	28	29	30

3개월째

1	2	3	4	5	6	7	8	9	10	11	12	13	14	15	16	17	18	19	20	21	22	23	24	25	26	27	28	29	30

CHAPTER

04

항공 객실 서비스 자세

객실 승무원의 서비스 자세는 항공사의 서비스 품질에 대한 승객의 만족도에 결정적 영향을 미친다. 가장 가까운 거리에서 승객들에게 직접적인 서비스를 제공하는 객실 승무원의 태도는 항공사 이미지와 직결된다고 해도 과언이 아니다. 따라서 바르고 아름다운 자세와 동작은 항공사의 긍정적 이미지 형성에 지대한 영향을 주며 승객 응대 시 공손함을 드러내는 좋은 표현 수단이 된다.

4장에서는 객실 승무원에게 필요한 기본 자세, 즉 표정 관리, 서비스 시의 표준 동작, 고객 응대 시 기본 태도를 살펴보고 이를 체득함으로써 세련되고 깔끔한 외적 이미지와 바른 동작을 연출할 수 있도록 한다.

1. 표정 관리

승객을 응대할 때 호감을 주는 인상은 미소를 짓고 있는 표정이다. 승객에게 친근감을 줄 수 있는 객실 승무원의 밝은 표정은 승객 응대에서 가장 기본적인 매너이다. 승객을 응대할 때에는 언어적 표현뿐만 아니라 비언어적 표현도 긍정적인 의미를 전달하는 도구가 된다.

다시 말해서 짧은 시간 동안에 말이 오가지 않더라도 승무원의 눈짓 · 얼굴 표정 · 태도 등의 비언어적 커뮤니케이션은 승객들이 항공사의 서비스에 대한 이미지를 형성하는 데 크나큰 영향을 미친다. 우선적으로 첫인상을 결정하는 요소는 표정이다. 미소 짓는 표정은 서비스 상황과 어울리고 자연스럽게 진심이 나타나도록 해야 한다.

1) 올바른 시선 처리

승무원이 시선을 상대방의 눈높이에 맞춘 뒤 부드럽게 상대의 미간을 볼 때 승객들은 편안함을 느낀다. 얼굴은 웃고 있는데 시선이 싸늘하다면, 웃는 시늉을 하고 있는 것으로 보일 것이다. 또한 부자연스러운 시선 처리는 승객에

게 신뢰감을 줄 수 없다. 따라서 객실 승무원은 시선과 얼굴의 방향, 몸과 발끝의 방향까지 승객의 시선을 향해 서도록 한다.

2) 부드러운 미소

부드러운 미소는 상대방의 마음을 활짝 열게 한다. 이야기를 할 때에는 입 모양을 크고 정확하게 움직이면서 발음을 해야 한다. 입을 크게 벌리거나 기침을 할 때에는 손으로 입을 가리도록 한다. 미소를 지을 때에는 입의 양 꼬리가 올라가게 하고, 입술을 가볍게 다물거나 윗니가 살짝 보이도록 한다. 평소 미소 짓는 연습을 하여 밝고 환한 미소를 짓도록 한다.

3) 세련된 자세

많은 사람들이 객실 승무원을 평가할 때 걷는 모습과 방향을 가리키는 자세를 기준으로 한다고 한다. 예를 들어 어깨를 활짝 펴고 자신감 있어 보이는 걸음걸이와 손가락이 아닌 손바닥으로 이쪽, 저쪽 방향을 가리키는 승무원의 모습에서 세련되고 정돈된 느낌을 받는다고 한다. 자신감 있는 직장인은 보이는 자세에서 바로 인정받는다.

2. 서비스 표준 동작

서비스에 필요한 바른 자세를 익히는 것은 객실 승무원으로서 항공사의 고품격 서비스를 제공하는 데 필수적인 요소이다. 일상생활에서도 아름다운 몸가짐을 완전히 익혀 자연스러운 행동으로 표현한다면 승객에게 좋은 느낌을 전달하게 될 것이다. 객실 승무원은 항상 많은 승객들이 주시하는 대상이 되므로 바른 자세, 호감 가는 인상, 상냥한 인사 등의 동작을 자연스럽게 몸에 익혀야 한다. 아름다운 서비스 동작은 승객에게 즐거움을 주는 일종의 매너이다.

1) 서 있는 자세

- 목과 허리를 곧게 펴고, 턱은 당기고 시선은 정면을 향하여 선다.
- 무릎과 발뒤꿈치는 붙이고 손은 자연스럽게 내려놓는다.
- 두 발끝은 약 30도 정도의 각도로 벌린다.
- 승객의 시야 내에서 뒷짐을 지거나 의자 · 벽 · 기둥 등에 기대어 서지 않도록 한다.
- 승객의 요구에 즉시 응대할 수 있도록 담당 서비스 구역을 비우지 말아야 한다.

(1) 여승무원

- 오른손이 위로 가게 하여 가지런히 모아 자연스럽게 내린다.
- 한 발을 뒤로 끌어당겨 발뒤꿈치가 다른 발의 중앙 홈에 닿게 한다.

(2) 남승무원

- 양발을 허리 너비만큼 벌려 서는 것이 좋다.
- 손은 가볍게 쥐어 바지 재봉선에 붙인다.
- 양손을 약간 둥글게 말아 쥐어 정중한 인상을 주도록 한다.

© Lee & Myung/CENGAGE

2) 대기 자세

객실 승무원들은 탑승구 입구에서 승객들을 기다리고 있을 때 바른 자세로 서 있어야 한다. 또한 이미 탑승을 완료한 승객들은 승무원들이 탑승객을 맞이하는 자세를 주시하고 있으므로 비행 근무 중에는 동료들 간의 사담을 금하도록 한다.

3) 방향 안내 자세

객실 승무원은 항상 승객을 향하여 움직이는 것을 원칙으로 한다. 승객에게 좌석을 안내할 때에는 직접 모셔다 드리는 것이 원칙이나 부득이한 경우 방향을 안내한다. 이때 몸의 방향이 승객을 향하도록 하며 손가락을 가지런히 하여 손바닥 전체로 방향을 가리켜야 한다. 손바닥이 아래를 향하거나 손목이 굽지 않도록 유의한다.

- 손가락을 가지런히 모으고, 손바닥을 위로 향하게 한다.
- 눈은 승객을 바라본다.
- 먼 곳은 팔을 길게 뻗고, 가까운 곳은 손을 조금만 내밀어 안내한다.
- 우측 방향은 오른손, 좌측 방향은 왼손으로 안내한다.
- 사람을 가리킬 때에는 두 손을 사용하며 뒤쪽을 가리킬 때에는 몸도 뒤쪽을 향하도록 한다.

© Sorbis/Shutterstock.com

4) 걷는 자세

객실 승무원은 좁은 기내에서 업무를 수행해야 하므로 발소리가 크게 나지 않도록 걸음걸이에 주의를 기울인다. 예쁜 걸음걸이를 위해 발 앞부분에 체중을 실어 발끝이 먼저 바닥에 닿도록 하고 걷는 방향이 직선이 되도록 한다. 팔은 자연스럽게 흔들고 양 무릎을 스치듯 걷는다. 이때 손을 지나치게 흔들지 않도록 주의한다. 또한 발끝을 평행으로 하여 발바닥이 보이지 않게 걷는 것이 요령이다. 걸을 때에는 신발을 끌지 않도록 하며, 뒷짐을 지거나 주머니에 손을 넣고 걷는다든가 팔짱을 끼고 걷지 않도록 유의한다. 더욱이 비행 업무 중에는 갑자기 기상 상태가 나빠져서 비행기가 흔들리는 경우가 있으므로 기내의 좁은 통로에서는 특히 몸의 균형을 맞추어 걷는 자세가 필요하다.

5) 바르게 앉는 자세

객실 승무원은 승객 앞에서 승무원 좌석(jump seat)에 착석해야 하는 경우가 있는데, 승무원 좌석에 털썩 주저앉지 않도록 조심한다. 상체가 굽은 등처럼 보이지 않게 주의하고, 머리를 숙이지 않고 똑바로 하며 턱은 당기고 시선은 정면을 향하도록 한다. 언제든 바른 자세로 앉을 수 있도록 평상시에 바르게 앉는 자세를 습관화해야 한다.

(1) 여승무원

- 손은 가지런히 모아 무릎의 치마를 살짝 누르듯이 올려놓는다.
- 무릎을 붙여 수직 방향으로 놓는다.
- 등과 등받이 사이에 주먹 한 개가 들어갈 정도의 거리를 두고 등을 곧게 펴고 앉는다.
- 양다리를 모아 맞춘 후 무릎부터 다리를 좌우 어느 쪽으로든 한 방향으로 조금 비스듬히 기울인다. 발끝도 다리를 기울인 방향으로 모으면 다리가 예쁘게 보인다.

(2) 남승무원

- 발을 가지런히 모은 후 허리 너비만큼 벌려 발 모양을 11자로 만든다.
- 손은 가볍게 주먹을 쥔 상태로 무릎 위에 올려놓는다.

© Lee & Myung/CENGAGE

6) 물건 전달 시(건넬 때) 자세

물건을 주고받을 때에는 한 장의 서류라도 반드시 양손으로 정중하게 전달하도록 한다. 승객의 관점에서 물건의 위아래가 거꾸로 되지 않도록 반듯하게 건넨다. 예를 들어 볼펜을 건넬 때에는 승객이 받아 사용하기 쉽도록 손잡이가 승객을 향하도록 한다. 한 손으로 물건을 쥐고 다른 한 손으로 덧받치는 손 모양은 한층 예의 바르게 보인다.

© Lee & Myung/CENGAGE

(1) 승객에게 명함을 받을 때

명함은 승객의 얼굴이자 인격이므로 정중히 취급해야 한다. 승객이 명함을 내어 주면 두 손으로 정중히 받는다. 이때 "○○회사의 ○○님이시군요" 하고 상대방의 소속과 이름을 확인하도록 한다.

© Lee & Myung/CENGAGE

(2) 신문 또는 잡지를 건넬 때

제호가 바로 보이도록 하여 반드시 양손으로 승객에게 전달한다. 승객 관점에서 위아래가 거꾸로 되지 않도록 유의한다.

© Lee & Myung/CENGAGE

(3) 물건을 기내 바닥에서 집을 때

기내에서 하는 작업 중 빈번하게 되풀이되는 동작 중 하나이다. 서 있다가 발밑의 물건을 집을 때 양다리를 붙이고 가능한 한 깊이 앉았다가 일어서면 예쁜 동작이 된다. 특히 스커트 길이가 짧을 때에는 양 무릎을 붙여 부끄러운 상황이 생기지 않도록 주의한다.

© Lee & Myung/CENGAGE

(4) 주문(Order)받을 때

발을 가지런히 모으며 손님을 바로 보고 선다. 허리를 약간 굽히고 시선을 유지하면서 주문을 받는다. 이때 주문받은 내용을 손님 앞에서 메모하며 반드시 재확인한다. 주문내용을 메모하지 않아도 되는 때에도 반드시 주문받은 내용을 승객에게 재확인한다. 주문을 받을 때에는 승객 좌석(seat back)에 기대어 서거나 팔을 올려놓지 않도록 한다.

3. 기물 및 서비스 용품 취급요령

기내에서 사용되는 기물과 서비스 용품의 종류는 매우 많다. 이 책에서는 음료를 제공할 때 다루는 기물과 서비스 용품에 대해 간단히 알아보고 자세한 내용은 차후에 국제선을 다룰 때 설명하도록 한다.

1) 운반용 기물

카트(cart)는 승객들에게 제공할 서비스 용품을 담아서 운반하는 기물이다. 음료 탑재용 카트(beverage cart)와 신문을 담아 승객에게 제공하는 용도로 사용하는 서비스용 카트(serving cart)로 나눌 수 있다. 음료 탑재용 카트는 크기에 따라 full cart와 full cart의 절반 크기인 half cart로 나눈다.

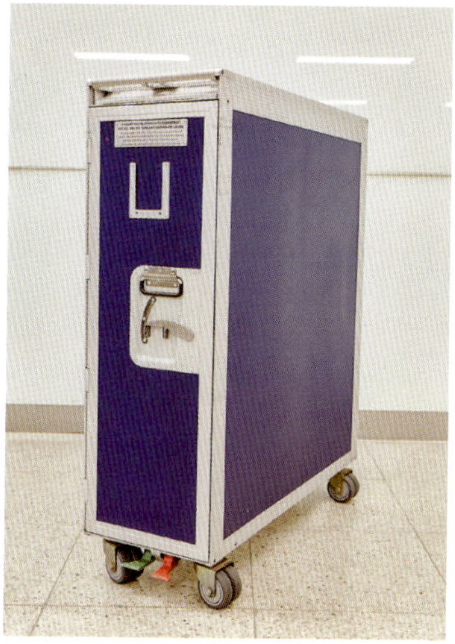

full cart

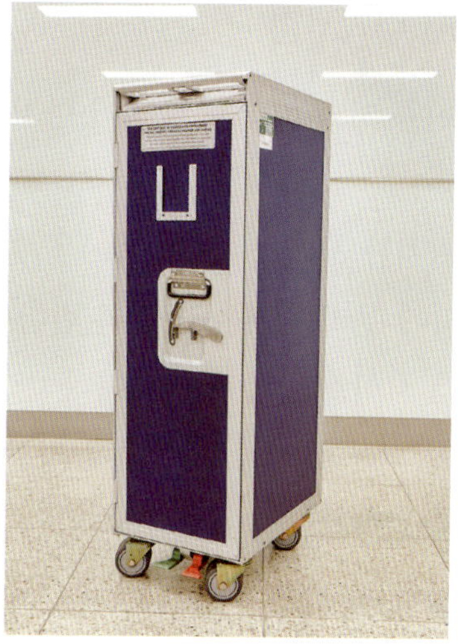

half cart

serving cart

(1) 음료 탑재용 카트(Beverage Cart) 사용법

- 문(door)을 여닫을 때에는 손잡이(door handle)를 이용해야 한다.
- 잠금(locking) 고리가 수평으로 놓여 있을 때는 잠긴 상태이고, 수직으로 놓여 있을 때는 열린 상태이다.
- 카트를 정지시킬 때에는 반드시 페달(pedal)을 사용하여 고정한다.
- 음료수를 카트 안에 넣고 뺄 때에는 떨어뜨리지 않도록 조심스럽게 다룬다.
- 카트를 끌면서 이동하고 서비스하도록 한다.
- 진행 방향에 있는 장애물을 확인한 후, 승객에게 카트 이동 시 주의해 줄 것을 안내한다.

(2) 서비스용 카트(Serving Cart) 사용법

- 상단 · 중단 · 하단을 펼쳐서 고정하고, 서비스 중 정지시킬 때에는 반드시 잠금 고리로 고정한다.
- 사용 중에 더러워진 카트는 반드시 닦아서 보관하고 기내 통로(aisle)나 문 주변에 방치해 두지 않는다.

(3) 카트 취급 시 주의사항

- 기내 통로(aisle)를 지날 때에는 승객이 다치지 않도록 카트를 두 손으로 잡는다.
- 카트 중단에 위치한 서비스 용품(item)을 꺼낼 때에는 무릎을 굽히고 자세를 낮추어 허리에 무리가 가지 않도록 한다.
- 모든 카트는 각 서비스를 종료할 때마다 반드시 제자리에 보관한다.
- 단 비행 중 불가피하게 비상구 주변에 카트를 놓을 경우에는 비상구를 막지 않도록 수직 방향으로 놓는다.
- 카트가 고장 났을 때에는 스티커(repair tag)를 부착하여 카트 담당자에게 인계한다.

2) 트레이(Tray)

트레이를 사용할 때에는 다음 사항에 유의한다.

- 모든 트레이는 잡을 때 트레이의 긴 쪽이 통로 방향이 되게 한다.
- 승객 응대 시 트레이 뒷면이 보이지 않게 한다.
- 트레이는 너무 높게 들지 않도록 유의하며, 항상 통로에 위치하도록 한다.
- large tray와 small tray를 사용할 때에는 서비스 용품이 미끄러지지 않도록 항상 종이매트(paper tray mat)를 깔아 사용한다.

small tray와 large tray

3) 포트(Pot)

포트를 사용할 때에는 다음 사항에 유의한다.

© Lee & Myung/CENGAGE

- 포트 내부의 청결 상태를 점검한다. 이물질이 묻어 있는 경우 뜨거운 물로 헹구어 낸 다음 커피를 brew하거나 녹차를 서비스하기 위해 뜨거운 물을 붓는다.
- 포트의 외부는 물수건으로 깨끗이 닦아 얼룩이 없는 깨끗한 상태로 서비스되도록 준비한다.

4) 컵(Cup)

컵을 사용할 때에는 다음 사항에 유의한다.

© Deutschlandreform/Shutterstock.com

- 승객에게 제공하기 전에 깨지거나 오염된 부분이 있는지 확인한다.
- 엄지와 둘째, 셋째 손가락으로 컵의 밑부분을 잡고 나머지 손으로 컵을 받쳐 든다.
- 음료를 제공할 때에는 승객의 입이 닿는 부분을 손으로 잡지 않도록 주의한다.
- 항공사 로고가 승객의 정면에 위치하도록 제공한다.

4. 승객 응대의 기본과 태도

객실 승무원은 의사소통 능력을 발휘함을 물론이고 장시간의 비행 동안 승객을 응대할 때 아름다운 미소를 잃지 말아야 한다. 여행지와 항공 업무에 대한 지식부터 상대방을 배려하는 친절, 승객의 불만에 응대하는 법에 이르기까지 반복되는 훈련을 통해 기내에서 최상의 서비스를 제공할 수 있도록 노력해야 한다.

물적 요소들과 정해진 절차에 맞추어서 제공하는 객실 서비스는 항공사 간에 근소한 차이가 있을 뿐 거의 유사하다. 그러므로 객실 승무원의 차별화된 인적 서비스는 항공사의 경쟁력을 높이는 중요한 요소가 된다.

1) 승객 응대의 기본

객실 승무원은 승객을 응대할 때 밝은 표정의 인사와 미소 띤 얼굴로 승객을 응시하며 신속한 업무 처리 능력을 보여야 한다.

2) 승객 응대의 태도

- 승객보다 한 열 앞서거나 승객의 팔걸이(armrest) 옆쪽에서 무릎을 꿇듯 앉아 눈높이 자세로 응대한다.
- 승객의 주문사항을 메모할 때에는 서비스를 제공할 때 사용하는 쟁반

밝은 표정의 인사
미소 띤 얼굴로 승객 응시
신속한 업무 처리

© Lee & Myung/CENGAGE

(serving tray)을 받쳐 사용한다.

- 메뉴나 와인 리스트(wine list) 등을 이용해 주문을 받을 경우에는 손가락을 가지런히 모아 손바닥이 위로 오도록 하여 가리킨다.

승무원의 기본 응대 관용어

- "네, 알겠습니다."
- "감사합니다."
- "죄송합니다."

PRACTICE DIARY 1

실습회차

학습한 내용을 토대로 표정 관리를 연습해 보자.

실습일　　　　　실습시간

실습한 부분	내가 잘한 부분과 아쉬운 부분

멘토의 피드백

다음 실습 시 집중공략

PRACTICE DIARY 2

실습회차

학습한 내용을 토대로 서비스 표준 동작을 연습해 보자.

실습일 　　　　실습시간

실습한 부분	내가 잘한 부분과 아쉬운 부분

멘토의 피드백

다음 실습 시 집중공략

PRACTICE DIARY 3

실습회차

학습한 내용을 토대로 기물 및 서비스 용품 취급요령을 연습해 보자.

실습일

실습시간

실습한 부분	내가 잘한 부분과 아쉬운 부분

멘토의 피드백

다음 실습 시 집중공략

PRACTICE DIARY 4

실습회차

학습한 내용을 토대로 승객 응대의 기본과 태도를 연습해 보자.

실습일

실습시간

실습한 부분	내가 잘한 부분과 아쉬운 부분

멘토의 피드백

다음 실습 시 집중공략

CHAPTER

05

승객 응대 서비스

항공사의 서비스 품질 평가에 가장 중요한 영향을 미치는 요인은 객실 승무원의 서비스이다. 항공사 조직의 경쟁력을 제고하는 중요한 자산이 바로 객실 승무원의 서비스이기 때문에 각 항공사에서는 승무원들이 높은 수준의 서비스를 동일하게 제공할 수 있도록 훈련 및 교육하고 있다. 특히 기내 고객 응대 서비스는 단기간에 완성되는 것이 아니므로 기내 용어와 각 상황에 맞는 응대 요령을 반복하여 연습할 수 있도록 하는 것이 중요하다.

5장에서는 승객에게 맞춤화된 서비스를 제공하기 위한 승객의 성향 파악, 응대 시 유의사항, 기내 대화의 기본 원칙과 구성요소, 대화의 일반적인 요령과 서비스 상황별 대화법, 즉 지상 서비스 시, 이륙 후 객실 서비스 시, 착륙 준비 시, 승객 하기 시 대화 요령을 알아보고 마지막으로 특수 승객을 응대하는 방법을 알아본다.

1. 승객 응대 서비스 요령

승객 응대에 있어서 객실 승무원은 회사를 대표하는 자격으로 친절하고 세련된 매너로 좋은 이미지를 주도록 노력해야 한다. 승객의 만족도를 높이기 위해 승객의 성향과 요구사항을 미리 파악해서 해결하는 것이 진정한 의미의 '승객 응대'이다.

1) 승객 성향 파악

승객은 각자의 경험과 개성을 바탕으로 기대하는 서비스의 수준이 각각 다르므로 다양한 승객에게 획일화된 서비스를 제공하는 것은 바람직하지 않다. 서비스를 하기 전에 먼저 승객의 성향을 파악하는 것이 무엇보다 중요하다.

탑승 시 환영 인사와 함께 담당 승객을 확인하고 연령대, 비행의 목적과 성향 등을 분석하여 이에 맞는 서비스를 제공하도록 한다. 해당 목적지를 처음 방문하는 승객에게는 다양한 정보를 제공하여 도움을 드리고, 비행시간을 활용하여 휴식을 취하거나 개인 업무를 처리하는 승객에게는 개인 시간을 충분히 드려 잦은 대화를 삼가도록 한다. 다양한 승객 성향 중 몇 가지 예를 들어 적당한 응대법을 알아본다.

(1) 호의적인 승객

사교적이고 호의적인 승객을 대면할 경우 승객의 이야기를 경청하고 비행 경험이 많은 승객이라면 승객의 의견을 수긍하며 응대하도록 한다. 호의를 보인다고 하여 협조적일 것으로 추측하고 부탁이나 요청을 하지 않도록 하고 다른 승객과 동일하게 서비스하도록 한다.

(2) 내성적인 승객

내성적인 승객만이 아니라 이 · 착륙 준비와 같이 승무원이 바쁜 업무로 분주할 경우에는 승객이 필요한 것이 있더라도 먼저 도움을 요청하지 않을 때가 많으므로 승무원이 먼저 다가가는 서비스가 필요하다. 기내식을 제공할 때에도 식사의 구성과 함께 이에 어울리는 음료를 적극적으로 권하도록 한다.

(3) 불만을 제기하는 승객

고객이 기업의 서비스나 제품을 재이용하지 않는 이유의 약 70%가 서비스 제공자의 태도 때문이다. 따라서 불만을 제기하는 승객에게는 진심 어린 사과를 하고 승객의 의견을 경청하며 해결할 수 있는 일이라면 해당 불만을 신속히 처리하도록 한다. 재발 방지에 대한 약속과 함께 정중히 다시 한번 사과한다. 해당 내용을 사무장에게 보고하고 동료들과 공유하도록 한다.

2) 승객 응대 시 유의사항

- 비행 업무 지식에 정통해 승객의 질문에 항상 정확한 답변을 해야 한다.
- 해당 편 비행시간, 비행경로, 목적지 도착 예정시간 등 비행정보를 숙지하여 승객과의 대화에 활용할 수 있어야 한다.
- 서비스 담당구역의 모든 승객과 간단한 대화를 나누도록 한다.
- 호출 버튼(call button)이 켜진 경우에는 우선적으로 해당 승객의 요구사항을 해결한다. 해당 승객의 요구사항을 충분히 경청한 후 호출 버튼을 눌러 다시 세팅(reset)한다.
- 승객이 희망하는 물품이 없거나 제공이 불가한 경우, 사유를 정중히 설명하고 이에 상응하는 물품을 권유한다.
- 객실 승무원이 승객으로부터 금품을 받는 행위는 금한다.
- 통로나 승무원 좌석(jump seat) 또는 기내 주방(galley)에서 동료 승무원들과의 잡담이 승객의 휴식을 방해하지 않도록 조심한다.

2. 기내 대화

객실 승무원이 사용하는 언어나 말투는 승객 응대에서 가장 기본적인 요소이다. 대화 없이 하는 기계적인 서비스는 진정한 의미에서 서비스라 할 수 없다. 객실 승무원은 승객의 탑승부터 도착에 이르기까지 모든 서비스 과정에서 아무리 사소한 일이라도 항상 친절한 대화로 원활한 기내 서비스가 이루어지도록 노력해야 한다.

1) 기내 대화의 기본 원칙

공손하고 친절하게 말하는 것도 중요하지만 잘 듣는 자세 역시 대화 시 갖춰야 할 중요한 덕목이다. 승객의 의견을 존중하고 승객의 자존심이 상하지 않도록 유의하며, 승객의 말을 끝까지 들어 주는 자세가 필요하다. 또한 객실 승무원이 한 말을 승객이 어떻게 이해했는지 확인하면서 친절과 예의, 정중함을 동시에 전달할 수 있어야 한다. 그 밖에 기내 대화 시 유의사항은 다음과 같다.

■ 진심이 느껴지게 말하기

국적과 인종을 초월하여 느끼고 전달될 수 있는 궁극의 수단은 진심이며 상대의 마음을 움직이는 데 진심 이상의 것은 없다.

■ 작은 목소리로 짧게 말하기

목소리가 크거나 말이 길면 설득력과 호소력이 반감된다. 그러므로 음성을 낮추되 분명한 발음으로 알아듣기 좋게 말한다.

■ 명확하고 부드럽게 말하기

말끝을 높게 올리면 듣기 싫고 말끝을 흐리면 자신감이 없어 보이므로 친근감을 주는 적절한 목소리 톤을 유지하면서 말하도록 한다.

■ 표준어와 경어만 사용하기

'~ 하시겠습니까?' 또는 '~ 오시겠습니까?'와 같은 존경, 정중, 겸양이 깃든 경어를 사용한다. 또한 승객 앞에서는 객실 승무원 간의 대화도 서비스 품격을 나타내는 척도가 되므로 항상 존칭어를 사용하도록 한다.

상황별 경어 사용법

- 재촉할 때: "죄송합니다만 조금만 서둘러 주시겠습니까?"
- 기다리게 할 때: "죄송합니다만 잠시만 기다려 주시겠습니까?"
- 기다리게 했을 때: "오래 기다리셨습니다." "오래 기다리시게 해서 죄송합니다."
- 승낙할 때: "네, 알겠습니다."
- 거절할 때: "죄송합니다만 ~하기 어렵습니다." "그렇게 하기는 곤란합니다. 죄송합니다."

2) 기내 대화의 구성요소

(1) 말씨

사람의 말씨는 누구나 독특하지만 객실 승무원이 사용하기에 적합하지 않은 말씨가 있다. 잘못된 말씨는 고쳐야 하며, 모든 말은 '~다'로 끝맺어야 한다.

- 표준어, 경어, 정중한 어휘를 사용하여 공손하게 표현한다.
- 승객 응대 시 짧은 말이나 은어, 동료 간에 사용하는 사적인 용어는 금한다.
- 정확한 발음과 적절한 속도, 밝고 긍정적인 어조를 구사하도록 한다.
- 상위 클래스에서는 승객의 이름이나 직함으로 호칭해야 한다.

(2) 태도

객실 승무원은 어떠한 경우에도 승객을 직접적으로 설득하거나 교육시키려는 태도를 보여서는 안 된다. 상황에 따라서는 승객이 스스로 이해하고 납득할 수 있도록 우회적인 방법으로 협조한다는 마음가짐을 가져야 한다.

- 승객 가시권에서의 자세와 동작은 바르고 공손하게 한다.
- 모든 승객에게 예의 바르고 공평한 태도로 응대한다.
- 통로에서 승객과 마주칠 경우 가볍게 목례를 하고 승객이 먼저 지나가도록 한다.

(3) 시선

승객을 정면이나 측면에서 바라볼 때에는 고개를 승객 쪽으로 돌려 정면으로 쳐다본 후 승객의 눈을 보고 응대한다. 즉 승객에게 신뢰감을 주는 자세로 등과 어깨를 곧게 세우고 가슴을 편다. 중요한 이야기를 할 때에는 승객의 눈을 바라보고, 여러 승객과 동시에 이야기할 때에는 각 승객에게 균등하게 시선을 분배하도록 한다.

3) 기내 대화의 요령

(1) 승객에게 호감 주기

- 가능한 한 담당 서비스 구역의 승객 모두와 한 마디 이상의 대화를 하도록 노력한다.
- 명랑하고 밝은 표정으로 이야기한다.
- 음성을 항상 밝고 적당한 톤으로 하여 이야기한다.
- 간단하고 명료하게 말한다.

(2) 승객 입장 고려하기

- 승객의 말에 성의 있는 반응을 보인다.
- 정중하지 못한 외래어를 남발하지 않는다.
  예 You know, O.K, Oh, Ya!
- 부정확한 사실에 관해서는 단언하지 않는다.
- 사회적 지위가 높은 승객에게는 직책으로 호칭한다.
- 부정형보다는 긍정형으로 표현한다.
  예 "그렇지 않습니다."보다는 "그렇습니다."
- 명령형보다는 청유형으로 표현한다.
  예 "기다려 주십시오."보다는 "잠시 기다려 주시겠습니까?"

- 부드러운 쿠션(cushion) 언어를 사용한다.

  예 "대단히 죄송합니다만, ~는 준비되어 있지 않습니다."

- 서비스 품격을 유지하기 위해 승무원 상호 간의 대화에도 유념한다.

(3) 비언어적 표현 유의하기

사람의 움직임, 자세, 팔의 위치, 표정, 눈, 손놀림만으로도 전달되는 메시지가 있다. 즉 말하지 않아도 의사를 전달할 수 있는데, 정감 있는 표정과 적절한 동작은 대화를 원만하고 부드럽게 이끄는 촉매 역할을 한다. 언어로 전달되는 것이 30%, 비언어적으로 전달되는 것이 70%라는 사실은 승무원의 표정과 행동이 그만큼 중요함을 단적으로 증명한다. 승무원이 어깨를 으쓱거리는 행동이나 피로에 지친 목소리, 지루해하는 표정을 보이면 승객들은 승무원이 친절하지 않다거나 승객을 존중하는 마음이 없다고 생각할 것이다. 그러므로 객실 서비스 표준 동작의 중요성을 인식하고 반드시 몸에 배도록 노력해야 한다.

바람직한 호칭

대화할 때에는 호칭으로 첫인상이 결정된다. 그러므로 승객에게 호감 가는 적절한 호칭을 사용해야 한다. 승객을 부를 때 원칙적으로 이름을 불러서는 안 되며 적합한 호칭을 사용해야 하는데, 서비스 도중 '실례합니다' 또는 '손님'으로 일관되게 말하지 않도록 한다.

직함을 알고 있는 경우 '성+직함+님' 식으로 호칭하는 것이 무난하며, 직함이 불분명한 경우에는 20세 이상의 승객에게는 선생님, 그 미만 연령대의 승객에게는 '손님'이란 호칭을 사용한다. 적절한 호칭으로 승객에게 정중하고 예의 바른 어조를 유지하는 것은 매우 중요하다. 승객이 자신의 직함으로 불리지 않기를 원한다면, '선생님'이나 '손님'으로 호칭한다.

한국인 승객에 대한 호칭

- **1인칭:** 저, 저희
- **2인칭:** 손님, 선생님, 사모님, 사장님
- **3인칭:** 저분(손님), 저기 계시는 분(손님)
- ○○○○**항공:** 저희 ○○○○항공, 저희 회사
- **부부:** 두 분
- **동반자:** 같이 오신 분, 동행하시는 분
- **남편:** 바깥어른
- **처:** 부인, 사모님
- **아이:** 아드님, 따님
- **단체:** ○○ 단체분들, 여러분, 선생님들
- **직장:** 근무처
- **남성:** 남자분
- **여성:** 여자분
- **노인:** 어르신
- **집:** 댁, 귀댁
- **탑승자:** 탑승하신 분(손님)
- **하기자:** 도착하신 분(손님)
- **전송자:** 전송 나오신 분(손님)
- **출영자:** 마중 나오신 분(손님)
- 공직자 또는 직함을 가진 경우에 구분할 필요가 없을 때에는 '직함+님', 구분해야 할 때에는 '(성이나 성명)+직함+님'

외국인 승객에 대한 호칭

- Mr, Mrs, Miss(승객의 요청이 있기 전에 성을 빼고 이름만 부르는 것은 결례임)
- 직함이 있는 경우
  - **상원의원:** senator
  - **하원의원:** representative
  - **대사:** Mr. ambassador
  - **공사:** Mr. minister
  - **기독교 목사:** pastor 또는 reverend (family name)
  - **신부:** father
  - **수녀:** sister
  - **대학교수:** professor
  - **의사:** doctor
  - **박사:** doctor

3. 서비스 상황에 따른 기내 대화

서비스 상황에 적절한 기내 대화를 유연하게 구사하는 것은 서비스 품질에도 긍정적 영향을 미치므로 각 상황에 맞는 다양한 기내 대화를 할 수 있도록 다음 사례를 따라 연습해 본다.

1) 지상 서비스 시 고객 응대

밝은 미소로 환영 인사
승객에 따른 적절한 인사말 사용
친절하고 적극적인 좌석 안내

(1) 승객 탑승 시 대화 예시

사례 1

"안녕하십니까? 어서 오십시오."
"환영합니다. 반갑습니다. ○○○까지 모시겠습니다."
"탑승권을 보여 주시겠습니까?"
"손님 좌석은 뒤쪽입니다."
"안녕하십니까? 좌석은 안쪽 창가 측입니다."

사례 2

"어서 오십시오."
"좌석을 안내해 드리겠습니다."
"이쪽으로 들어가십시오."
"안쪽으로 모시겠습니다."
"○○까지 가는 대한항공 ○○○편입니다."

사례 3

"안녕하십니까? 탑승을 진심으로 환영합니다."

"손님 좌석은 건너편 뒤쪽입니다."

"조금만 들어가시면 다른 승무원이 안내해 드릴 겁니다."

국가별 승객 탑승 인사(Welcome)

- 중국어: 您好!(닌하오)
- 불어: Bonjour!(봉주르)
- 독어: Guten Tag!(구텐 탁)
- 일어: おはようございます(오하요—고자이마스), こんにちわ(곤니치와), こんばんわ(곰방와)

(2) 좌석 안내 시 대화 예시

사례 1

"제가 좌석까지 안내해 드리겠습니다."

"손님 좌석은 왼쪽 창가입니다."

"짐은 제가 넣어 드리겠습니다."

"즐거운 여행 되십시오."

사례 2

"탑승권을 보여 주시겠습니까?"

"이쪽으로 오시겠습니까?"

"네, 여기가 손님 좌석입니다."

"혹시 필요하신 일이 있으시면 담당 승무원인 저를 불러 주십시오."

■ 유모차를 끌고 오는 승객

사례 1

"어서 오십시오. 아기가 참 예쁘군요."

"제가 유모차를 분리해 보관해 드릴 테니 아기를 안아 주시겠습니까?"

"유아용품이 준비되어 있으니 필요하시면 언제라도 말씀해 주십시오."

사례 2

"안녕하십니까? 어서 오십시오."
"짐은 제가 들어 드리겠습니다. 손님 좌석은 이쪽입니다."
(여분의 유아용 요람이 있는 경우) "유아용 요람이 준비되어 있으니 필요하시면 안전을 위해 이륙 후 장착해 드리겠습니다."
☞ 유아용 요람은 사전에 주문한 승객에게 우선 제공하게 되어 있다.

사례 3

"제가 좌석까지 안내해 드리겠습니다."
"좌석은 이쪽입니다. 가방은 제가 위에 올려 드리겠습니다."
"유모차는 접어서 이 뒤쪽 공간에 놓아 드리겠습니다."
"내리시기 전에 가져다드리겠습니다."
"기저귀 교환대는 뒤쪽 화장실에 있습니다."

■ 술병을 선반 위에 올리고 있는 승객

사례 1

"손님, 죄송합니다만 안전을 위해 술병은 좌석 밑에 보관해 주시겠습니까?"
"감사합니다."

■ 무거운 짐을 선반 위에 쌓고 있는 승객

사례 1

"손님, 죄송합니다만 선반에 넣기에는 짐이 너무 무거워 보입니다. 보관할 다른 장소가 있는지 제가 한번 알아보겠습니다. 이쪽에 두시겠습니까?"
"감사합니다."

(3) 이륙 전 대화 예시

■ 신문 서비스 시

사례 ①

"손님, 신문 보시겠습니까?"
"여러 일간지와 경제신문이 있습니다."
"○○지를 보시겠습니까?"

사례 ②

"손님, 여러 종류의 일간지와 경제지 그리고 잡지가 준비되어 있습니다."

■ 승객이 원하는 신문이 없을 경우

사례 ①

"손님, 죄송하지만 마침 ○○일보가 전부 서비스되었습니다. 대신 ○○신문은 어떠십니까?"
"보고 계시는 동안 여분의 ○○신문이 있는지 제가 다시 확인해 보겠습니다."

사례 ②

"죄송합니다만, 제가 잠시 후에 다른 손님이 다 보신 ○○신문을 정리해서 드리겠습니다."
"기다리시는 동안 ○○잡지를 보시겠습니까?"

(4) 이륙 준비 시 대화 예시

■ 벨트 확인(Belt Check) 및 좌석등받이 확인 시

사례 ①

"손님, 좌석벨트를 매 주시겠습니까? 저희 비행기는 곧 이륙합니다."

사례 ②

"손님과 아기의 안전을 위해 아기는 벨트 밖으로 안아 주시겠습니까?"
"감사합니다."

사례 3

"실례합니다만, 저희 비행기는 곧 이륙하니 등받이를 세워 주시겠습니까?"
"비상시를 대비하여 좌석을 원위치로 놓는 것이 안전합니다."

사례 4

"손님, 다소 불편하시더라도 손님과 뒷자리 손님의 안전을 위해 이륙 시에는 등받이를 세워 주시겠습니까?"
"감사합니다."

■ 비상구와 통로의 짐 체크 시

사례 1

"실례합니다. 손님의 짐이 맞습니까?"
"보관할 곳이 없으시면 제가 이쪽 빈 공간에 보관해 드리겠습니다."
"만약의 경우에 대비하여 비상구 주위에는 탈출에 방해되는 물건을 놓지 못하도록 되어 있습니다."

사례 2

"이곳은 비상시에 탈출구로 사용되는 출구이므로 항상 정리되어 있어야 합니다."
"짐을 다른 곳에 보관해 드리려 하는데 괜찮으시겠습니까?"

■ 이륙(Take-Off) 시 화장실 이용 승객

사례 1

"손님, 곧 이륙할 예정이니 손님 좌석으로 가셔서 벨트를 매 주시고 화장실은 이륙 후에 이용하시기 바랍니다."

사례 2

"손님, 곧 비행기가 이륙합니다. 화장실은 이륙 후에 이용하시겠습니까?"
"비행기가 고도에 완전히 이른 후 좌석벨트 표시등이 꺼지면 그때 이용해 주십시오."

2) 이륙 후 객실 서비스 시 고객 응대

역지사지(易地思之)

친절하고 에티켓을 갖춘 승무원

정성을 다하는 서비스와 세심한 배려

■ 음료 소개 시

사례 1

"손님, 음료 드시겠습니까?"

사례 2

"손님, 여러 가지 주스, 탄산음료, 생수, 커피와 차 등이 준비되어 있습니다."

"어느 것으로 드시겠습니까?"

■ 어떤 음료를 마실지 망설이는 승객(구체적인 음료 권하기)

사례 1

"손님, 시원한 오렌지주스나 파인애플주스는 어떠십니까?"

사례 2

"커피 드시겠습니까? 크림, 설탕은 필요하십니까?"

"방금 만들어서 향이 아주 좋습니다."

"뜨겁습니다. 조심히 드십시오."

■ 주문한 음료가 준비되지 않은 경우(가장 유사한 대체 음료 권하기)

사례 1

"손님, 죄송합니다만, ㅇㅇ은 저희가 서비스하지 않습니다."

"대신 ㅇㅇ는 어떠십니까?"

3) 착륙 준비 시 고객 응대

사례 ①

"편히 오셨습니까? 착륙 준비를 위해 테이블을 접어 드리겠습니다."
"등받침을 세워 주시겠습니까?"
"감사합니다."

사례 ②

"착륙 준비를 위해 앞에 있는 짐은 선반에 보관해 드리겠습니다."
"이륙할 때 부피가 커서 앞쪽에 보관한 짐을 잊지 말고 가져가시기 바랍니다."
"감사합니다."

4) 승객 하기(Farewell) 시 고객 응대

(1) Taxiing 중 대화 예시

사례 ① 짐 정리나 화장실 이용을 위해 일어서는 승객

"손님, 죄송합니다. 위험하오니 좌석에 앉아서 기다려 주시겠습니까?"
"감사합니다."

사례 ②

"손님, 죄송합니다. 안전을 위해 비행기가 정지할 때까지 좌석에 앉아서 기다려 주시겠습니까?"
"감사합니다."

(2) 승객 하기 시 대화 예시

사례 ①

"손님, 안녕히 가십시오. 감사합니다."

사례 2

"오시면서 불편한 점은 없으셨습니까?"
"감사합니다. 안녕히 가십시오."

사례 3

"편안한 여행이 되셨습니까?"

사례 4

"감사합니다. 여행은 어떠셨습니까?"
"다음에 또 뵙겠습니다. 안녕히 가십시오."

사례 5

"편안한 여행 되셨습니까?"
"불편하지는 않으셨는지요?"
"즐거운 여행 되십시오."

국가별 승객 하기 인사(Farewell)

- 중국어: 謝謝, 再見!(셰셰, 자이지엔)
- 불어: Merci! Au Revoir!(메르시! 오 르브아르)
- 독어: Danke Schön! Auf Wiedersehen!(당케 숸! 아우프 비더젠)
- 일어: ありがとうございます(아리가토-고자이마스), さようなら(사요-나라)

4. 특수 승객 응대

특수 승객을 대하기에 앞서 장애 승객은 특별한 사람이 아니라 '우리와 똑같은 사람'이라는 의식을 가져야 한다. 특히 '장애인'이라는 말을 장애 승객 앞에서 사용하지 않도록 유의해야 하며, 장애 승객 본인과 직접 대화하려는 자세가 중요하다.

객실 승무원은 장애자인 승객에게 언제, 어떻게 도움을 주어야 할지 혹은 도움을 주어도 될지 모르는 경우가 있다. 불필요한 도움을 주어서 승객을 당

황하게 만들고 싶지는 않겠지만 도움이 필요한 상황에서는 재빨리 대처해야 한다.

승객이 도움을 진정으로 원하는지 여부를 알기 위해서는 얼굴 표정과 눈을 살펴 그들이 어떤 도움을 필요로 하는지 파악하도록 한다. 장애 승객이 먼저 요구하기 전에 어떻게 도와야 하는지 물어보는 것도 좋은 방법이다. 그 밖에 특수 승객 응대 시 유의할 사항은 다음과 같다.

- 사전에 장애 승객을 맞이할 준비를 하고 응대에 필요한 지식을 습득한다.
- 도움을 드릴 경우 반드시 양해를 구한다.
- 장애에 초점을 맞추지 않고 사람이 지닌 어려움에 초점을 맞추어 보통 사람들에게 문을 열어 주거나 짐을 들어 주는 것같이 도움을 제공한다.
- 공손함을 잃지 않는다.

1) 휠체어 승객 응대 서비스

- 정보나 자료를 제공하거나 대화를 할 때에는 눈높이에 맞추어 친근한 말로 배려한다. (예 "필요하신 게 있으십니까?")
- 승객의 허락 없이 휠체어를 움직이거나 밀지 않는다.
  ☞ 직원은 승객의 휠체어를 건드리거나 기대서는 안 되며, 승객이 부탁한 경우에만 휠체어를 밀도록 한다.
- 이동장애가 있는 승객에게 최상의 서비스를 제공하기 위해서는 일반 승객이 탑승하기 전에 탑승하고 하기 시에는 가장 나중에 하기할 수 있도록 한다.

2) 시각장애 승객 응대 서비스

- 가능한 한 승객의 이름을 알아보고 이름을 넣어 호칭한다.
- 물건을 제공할 때에는 옆에 있는 승객에게 먼저 제공하여 장애 승객이 마음의 준비를 할 수 있도록 한다.
- 시각장애 승객을 처음 맞이하여 좌석을 안내할 때에는 양해를 구해 팔을

잡도록 안내하고 음료수를 드릴 때에도 미리 헤아려 양을 적게 함으로써 장애 승객이 실수하지 않도록 한다.

- 단지 시각에 어려움이 있을 뿐이므로 말의 억양을 높이지 않는다.
- 승객에게 직접 이야기한다.
- 안내견이 있을 경우 주인의 허락 없이 손을 대지 않는다.
- 장애 승객이 놀랄 수 있으므로 사전 허락 없이 승객의 팔을 잡지 않는다.
- 가능한 한 상세한 정보와 방향을 알린다.

3) 청각장애 승객 응대 서비스

- 승객에게 과잉 친절과 도움을 제공하는 것은 오히려 승객의 자존심을 건드릴 수 있으므로 유의한다.
- 부드러운 시선으로 바라보아 승객의 불안을 덜어 주도록 한다.
- 가능한 한 소음을 줄이고 밝은 곳에서 대화한다.
- 설명하거나 안내할 때에는 가급적 그림이나 도표 등의 시각 자료를 사용하여 이해를 돕는다.
- 시각적 기호나 제스처를 사용한다. 예컨대 입 모양을 보거나 종이에 적어서 보여 주기 등으로 소통한다.
- 수어 통역자가 있더라도 우선 승객과 직접 대화를 시도한다.

4) 언어장애 승객 응대 서비스

언어장애(speech impairment)를 지닌 승객은 분명하고 쉽게 말하는 것이 불가하다. 이러한 승객을 대할 때에는 인내심을 가지고 그들이 알아듣지 못한 내용이 무엇인지 물어보도록 한다. 객실 승무원이 알아듣지 못하는 것은 괜찮지만 알아듣지 못했음에도 불구하고 알아들은 척해서는 안 된다. 필요하다면 승객에게 말하고자 하는 것이 무엇인지 보여 달라고 요청할 수도 있다. 이들과 대화할 때에는 눈을 마주 보고 정확하고 알맞은 속도로 말하는 것이 좋다. 너무 크게 말하거나 너무 천천히 말하지 않도록 주의한다.

PRACTICE DIARY 1

실습회차

학습한 내용을 토대로 서비스 표준 동작을 연습해 보자.

실습일

실습시간

서비스 표준 동작	내가 잘한 부분과 아쉬운 부분

멘토의 피드백

다음 실습 시 집중공략

PRACTICE DIARY 2

실습회차

학습한 내용을 토대로 서비스 표준 동작을 연습해 보자.

실습일　　　　실습시간

서비스 표준 동작	내가 잘한 부분과 아쉬운 부분

멘토의 피드백

다음 실습 시 집중공략

PRACTICE DIARY 3

실습회차

학습한 내용을 토대로 응대 서비스를 연습해 보자.

실습일 　　　 실습시간

응대 서비스	내가 잘한 부분과 아쉬운 부분

멘토의 피드백

다음 실습 시 집중공략

PRACTICE DIARY 4

실습회차

학습한 내용을 토대로 응대 서비스를 연습해 보자.

실습일 　　　　실습시간

응대 서비스	내가 잘한 부분과 아쉬운 부분

멘토의 피드백

다음 실습 시 집중공략

PRACTICE DIARY 5

실습회차

학습한 내용을 토대로 응대 서비스를 연습해 보자.

실습일 　　　 실습시간

응대 서비스	내가 잘한 부분과 아쉬운 부분

멘토의 피드백

다음 실습 시 집중공략

PART

3

항공 객실 안전

항공 객실 승무원의 기내 안전 업무란 비행 근무 시 승객과 승무원의 안전을 위해 수행해야 하는 안전관련 업무를 지칭한다. 항공기 안전관련 사고는 예기치 않은 비상사태로 인한 사고보다 일상적인 안전 업무를 소홀히 하여 발생한 사례가 더 많다. 특히 비행 중에는 작은 사건이라도 적절하게 대처하지 못하면 엄청난 결과를 가져올 수 있다는 점에서 기내 일상 안전 업무는 매우 중요한 의의를 지닌다.

따라서 항공사에서는 매년 강도 높은 수준의 정기 안전 훈련을 실시하고, 일부 항공사에서는 운항 승무원과 객실 승무원이 함께 하는 협조 교육인 CRM(crew resource management)을 통해 안전의식을 높이는 훈련을 정기적으로 운영하고 있다.

CHAPTER

06

객실 안전 장비

항공기에 탑재되는 비상장비에는 긴급을 요하는 응급처치 장비, 화재 진압 장비를 비롯하여 비상탈출에 필요한 장비, 승객과 객실 승무원을 보호하기 위한 안전 장비 등이 있다. 이러한 장비들은 주기적으로 그리고 비행 전 점검(pre-flight check) 과정에서 철저히 점검되어야 한다. 내용물이 소진된 경우, 유효기간이 지난 경우, 작동이 불완전한 장비 등은 항공기 운항 전에 반드시 정상상태의 장비로 교체되어야 한다.

6장에서는 객실 안전 장비를 응급처치 장비, 화재 진압 장비, 비상탈출 장비, 구명정(raft) 부속장비로 나누고 각 장비의 사용법과 내용품, 유의점, 점검요령에 대해 알아본다.

1. 응급처치 장비

긴급을 요하는 응급처치 장비 중에서 휴대용 산소통(PO_2 bottle), 비상처치상자(first aid kit), 응급의학상자(emergency medical kit), 그리고 의약품가방(medical bag) 등에 대하여 알아보기로 한다.

1) 휴대용 산소통[PO_2(Portable Oxygen) Bottle]

이 장비는 승객의 응급처치용 및 감압현상 시 객실 승무원 휴대용으로 항공기에 탑재된다.

(1) 사용법

- 산소마스크의 튜브 끝에 달린 fitting이 PO_2 bottle의 outlet에 잘 고정되어 있는지 확인한다.
- PO_2 bottle의 켜짐과 꺼짐 밸브를 시계 반대방향으로 충분히 끝까지 돌려야 한다.

© Lee Chi Min

- 산소가 호스를 통해 흐르는지 확인한다. 저장 용기와 마스크 사이를 손으로 쥐어서 저장 용기가 부풀어 오르는 것을 확인하는 방법 등이 있다.
- 산소마스크가 코와 입을 덮도록 착용하고 고무 밴드를 이용하여 머리에 고정한다.
- 산소의 흐름을 계속 확인하며 호흡한다.

(2) 주의사항

- HI outlet(분당 4L)은 77분, low outlet(분당 2L)은 154분까지 산소를 공급한다.
- PO_2 bottle 내의 산소가 완전히 소진할 때까지 사용하지 말고, 500PSI 정도를 남겨 둔다.
  ☞ PSI: pound square inch(압력단위)
- outlet이 두 개일 경우, 마스크가 HI(분당 4L)에 연결되어 있어야 한다.
- 사용 중인 PO_2 bottle 근처에서는 화기 사용을 금해야 한다.

2) 비상처치상자(FAK: First Aid Kit)

항공법 규정에 따라 반드시 기내에 탑재해야 하며 응급상황에 처한 승객의 사고 및 질병을 응급처치하기 위해 사용한다.

(1) 사용법

- 이 상자는 seal을 뜯어 사용하고 사용하지 않은 약품은 원래의 위치에 보관한다.
- 약품 사용 후에는 객실정비일지(CDL: cabin discrepancy list)에 사용내역을 기재하여 약품이 교체되도록 한다.
- 이 상자는 사용하기 전에 반드시 기장에게 알려야 한다.
- 의사의 처방 없이도 사용할 수 있다.
- 상자의 seal이 개봉되었거나 뜯긴 경우에는 온전한 비상처치상자로 간주할 수 없다.

(2) 내용품

- 외상 치료용: 붕대, 반창고, 가위, 일회용 밴드 등
- 지형용: 압박붕대, 소독용 솜 등
- 골절 치료용: 부목, 삼각건
- 화상용: 실마진 연고, 기타 화상 연고
- 의식 회복용: 암모니아 흡입제
- 해열 진통제: 타이레놀 혹은 기타 해열 진통제
- 구토, 멀미 예방제: 보나링 A 혹은 기타 멀미약
- 기타 복용약 및 응급처치 안내서(first aid manual) 등

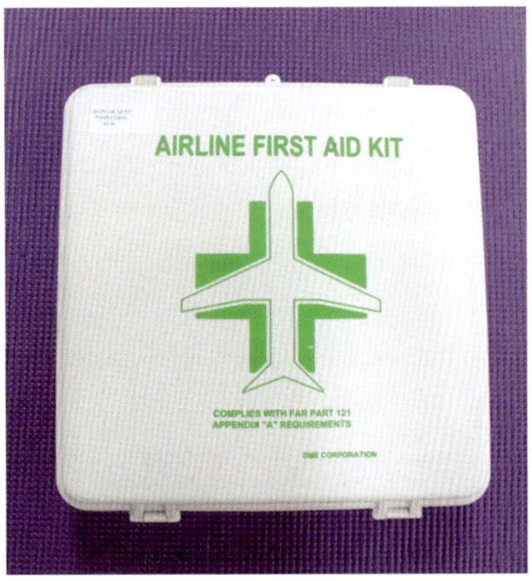

© Lee Chi Min

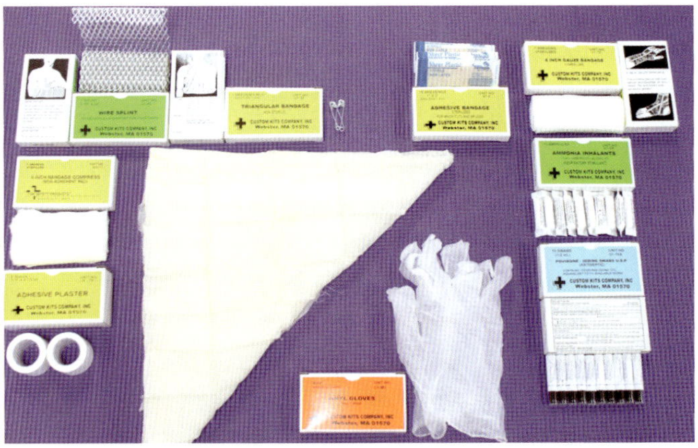

© Lee Chi Min

3) 응급의학상자(EMK: Emergency Medical Kit)

비행 중 응급환자 발생 시 전문적인 치료에 필요한 의약품과 의료기구를 제공하기 위해 탑재한다. 의사 또는 전문 의료인만이 사용할 수 있다.

(1) 사용법

- 의사 또는 전문 의료인의 요청 시 이 상자를 제공하고 seal을 뜯어 사용하게 한다.
- 이 상자를 사용한 의료인에게 상자 안에 들어 있는 '비행 전 기내의료기록(in-flight medical record)'을 3부 작성하도록 요청한다.

- 사용하지 않은 의약품은 응급의학상자에 보관하고 밀봉한다.

(2) 내용품

- 의료장비: 외과용 소독장비, 혈압계, 청진기, 지형대(붕대), 일회용 주사기 등
- 의약품: 심혈관 확장제, 진통제, 이뇨제, 항알레르기제, 스테로이드제, 안정제 등

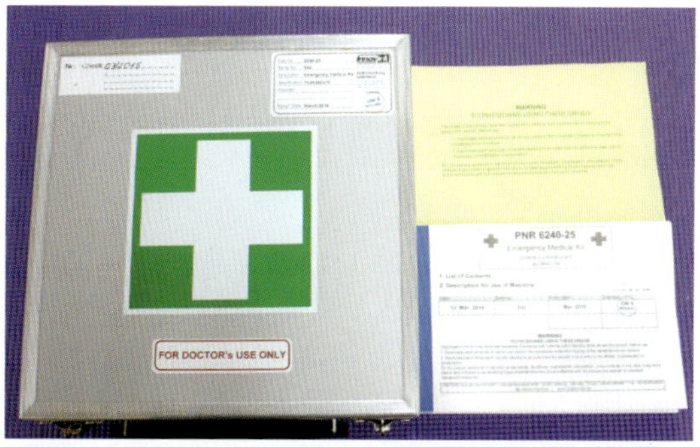

© Lee Chi Min

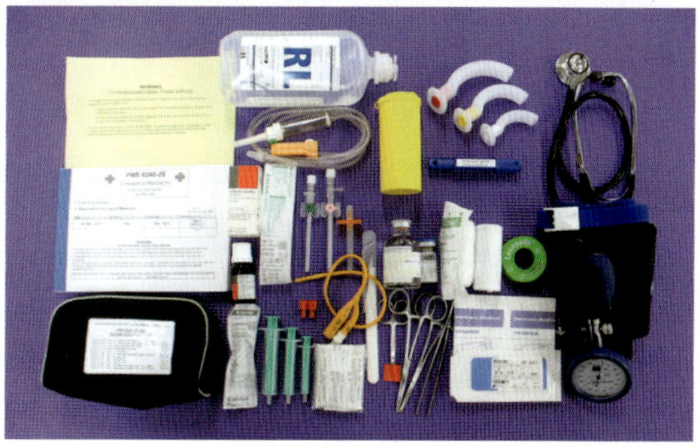

© Lee Chi Min

4) 의약품가방(Medical Bag)

사용빈도가 높은 의약품으로서 승객에게 신속하게 제공하기 위해 지정된 객실 승무원이 항상 휴대하도록 하는 의약품이다.

(1) 지급 대상자

사무장, 부사무장

(2) 내용품

- 해열 진통제: 타이레놀(성인용, 어린이용)
- 소화 촉진제: 베스타제 혹은 기타 소화제
- 정장 · 지사제: 정로환
- 구토 · 멀미 예방제: 보나링 A
- 외용 진통 · 근육통: 안티푸라민
- 화상 연고: 실마진 연고
- 상처 보호: 일회용 밴드
- 기타 의약품

5) 기타 응급처치 장비

항공기에 탑재되는 기타 응급처치 장비에는 다음과 같은 것들이 있다.

- 자동심장제세동기(Automated External Defibrillator): 심장 박동이 정지된 환자에게 전기 충격을 주어 심장 박동을 정상으로 복구하는 장비이다.
- Resuscitator Bag: 인공호흡 보조기구로 사용하는 의료기구이다.

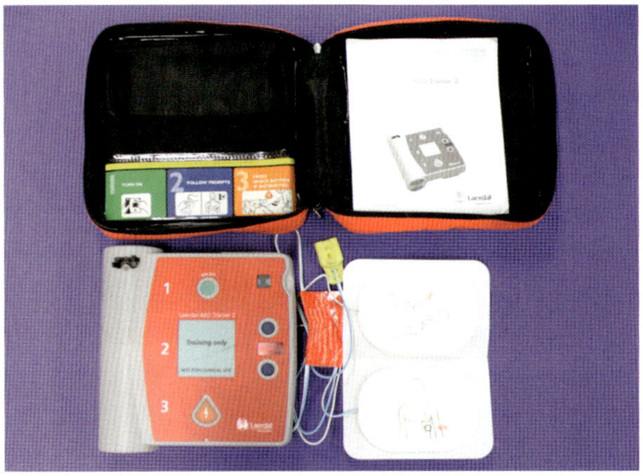

© Lee Chi Min

2. 화재 진압 장비

항공기에 탑재되는 화재 진압 장비에는 소화기, 연기로부터 호흡과 안면을 보호해 주는 석면장갑, 손도끼, 연기 차단용 고글(smoke goggles) 등이 있다.

1) H_2O 소화기

일반 화재(종이, 섬유, 나무 등)를 진압하기 위해 사용한다.

(1) 사용법

- 소화기 핸들을 시계 방향으로 완전히 힘을 주어 돌린다.
- 소화기를 바로 세우고 노즐(nozzle)을 화염 밑쪽으로 향하게 한다.

- 레버(lever)를 누른다.
- 전기나 기름 화재에는 사용을 금한다.
- 소화액에는 부동액이 첨가되어 있으므로 마셔서는 안 된다.

(2) 주의사항

- 분사시간은 약 40초이고, 소화 유효거리는 약 6m이다.
- 화염으로부터 약 2~3m까지 접근하여 소화액을 분사한다.
- 비스듬히 사용하거나 거꾸로 사용해서는 안 된다.
- 핸들 속의 CO2 cartridge의 압축가스에 의하여 소화액이 분사된다.

2) 할로겐(Halogen) 소화기

모든 화재에 사용할 수 있으나 주로 전기나 기름 화재 진압에 사용한다.

(1) 사용법

- 소화기에서 안전핀을 제거하고 화염으로부터 2~3m까지 접근한다.
- 소화기를 바로 세우고 노즐을 화염 밑쪽으로 향하게 한다.
- 레버를 누르고 좌우로 빠르게 움직이며 지속적으로 분사한다.
- 전기 화재의 경우는 가능한 한 빨리 전원을 차단하도록 한다.
- 사람에게 직접 분사하면 질식사할 우려가 있다.
- 세차게 분사되므로 화염에 너무 가까이 사용하면 불이 번질 염려가 있다.
- 진화작업 중 발생하는 증기나 연기 등을 마시지 않도록 한다.

(2) 주의사항

- 분사시간은 약 15초이고, 소화 유효거리는 약 3m이다.
- 소화기는 가능한 한 바로 세워 사용한다.
- 할로겐 소화기 안에는 액화가스가 압축된 상태로 들어 있다.
- 보관 중에는 오작동을 방지하기 위해 안전핀(safety pin)이 끼워져 있다.

3) 객실 승무원용 산소호흡장비 (PBE: Protective Breathing Equipment)

기내 화재 진압 시 연기와 유독성 가스로부터 호흡 및 안면을 보호하고 시야를 확보하기 위해 사용하며 주로 Puritan PBE를 사용한다.

(1) Puritan PBE 사용법

- 포장에서 PBE를 꺼내어 목 부분을 잡아 머리 위로 쓰고 코와 입에 맞춘다.
- 조절 끈을 세게 당겨 starter candle을 작동시켜서 산소를 발생시킨다.
- 조절 끈을 계속 당겨 내부 마스크를 코에 밀착시킨다.
- neck seal과 목 사이에 머리카락 등이 끼지 않도록 한다.
- 약 15분이 경과하여 hood가 찌그러지면 벗는다.

© Myung Hye Ree

© Myung Hye Ree

기내 PBE 탑재 모습

4) 석면장갑

화재 진압 과정에서 뜨거운 물체나 불타고 있는 물체를 잡을 때 사용한다.

- 석면장갑(Asbestos Gloves): 불연성의 석면재료로 제조되어 소방용 등으로 많이 사용한다.
- 케블라 장갑(Kevlar Gloves): 내열성이 뛰어난 원사로 만든 장갑으로 427℃까지 견딘다.

5) 손도끼

접근이 불가능한 기내 구조물 내부에서 화재가 발생했을 경우 장애물을 제거하거나 화재 진압 후 잔해를 치우는 용도로 사용한다. 항공기 벽면이나 바닥을 뜯어내고 화재를 진압할 경우 파손 범위가 필요 이상으로 확대되지 않도록 기장과 협의한 후 사용한다.

6) 연기 차단용 고글(Smoke Goggles)

연기로부터 시야를 확보하거나 눈을 보호하기 위해 사용한다. 유독가스와 연기가 많이 발생하는 곳에서는 PO_2 bottle과 함께 사용하면 효과적이다.

3. 비상탈출 장비

비상탈출 장비에는 메가폰, 손전등, 비상위치 송신기(ELT), 구명조끼 등이 있다.

1) 메가폰(Megaphone)

(1) 용도

비상탈출 시 기내에 전원이 끊겨서 방송이 불가능할 때 사용하거나 탈출 지휘를 할 때 사용한다.

(2) 사용법

- 'press–to–talk' 스위치를 누르고 사용한다.
- 'volume'이 있는 타입은 충분한 음량을 내도록 조절한다.
- 입을 'microphone'에 가까이 대고 사용한다.

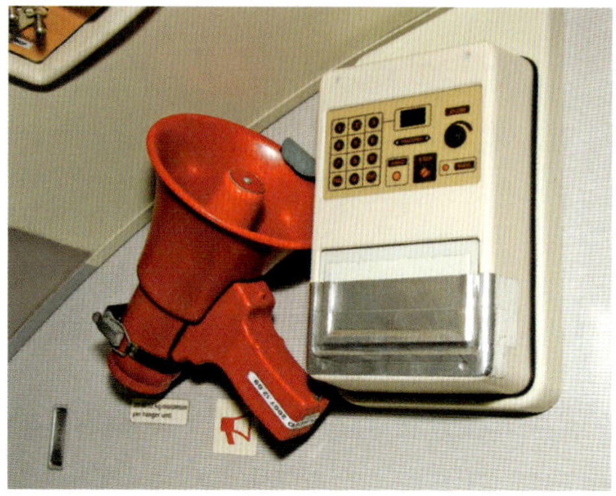

2) 손전등(Flash Light)

(1) 용도

비상사태 시 승객을 유도하고 신호를 보내며 야간 조명을 위해 사용한다.

(2) 사용법

- bracket에서 손전등을 분리하면 라이트가 자동으로 켜진다. 사용 후 손전등을 제자리에 원위치시키면 라이트가 꺼진다.
- 손전등에 스위치가 부착되어 있는 타입은 스위치로 켜고 끈다.
- 배터리가 정상적인 상태에서는 손전등에 있는 LED(light emitting diode)가 3~4초 만에 한 번씩 깜박인다. 배터리는 최소 30분에서 최대 2시간까지 사용이 가능하다.

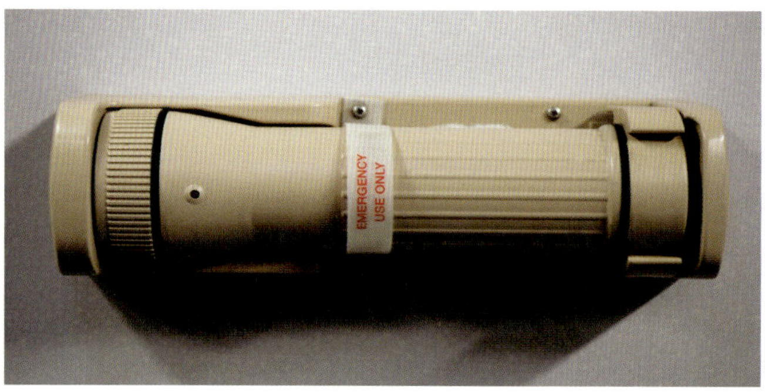

3) 비상위치 송신기(ELT: Emergency Locator Transmitter)

- 구조 요청을 위한 전파를 발신하는 장비로 조난 위치를 알려 준다.
- 조난을 알리기 위해 발신하는 전파로는 비상 주파수가 사용된다.

(1) 수상에서의 사용법

- ELT를 구명정에 묶고 물에 던지면 ELT가 자동으로 물 위로 떠오른다.
- 안테나를 고정한 tape이 물에 녹으며 안테나가 세워진다.
- 송신을 중단하려면 ELT를 평평한 바닥에 눕히거나 거꾸로 세워서 내부의 물을 제거한다.

(2) 지상에서의 사용법

- 안테나를 고정한 tape을 풀어서 안테나를 세운다.
- ELT 하단에 보관되어 있는 플라스틱 봉지에 ELT를 먼저 넣고, 수분이 함유된 액체(물 · 주스 · 커피 · 오줌 등)를 ELT 중간 부분의 구멍(hole) 높이 이상 올라오도록 넣는다.
- 주파수 발신에 방해되지 않도록 언덕이나 나무 위 등에 위치시킨다.
- 주기적으로 물을 휘저어 주고 가끔 물을 교체해 주면 배터리 성능이 좋아진다.

ELT 모습과 건전지 내장 모습

(3) 주의사항

- 전파 발신은 약 48시간 동안 지속되며 320km까지 송신할 수 있다.
- 염분이 있는 물이나 차가운 물을 사용하면 발신 시간이 다소 연장된다.

4) 구명조끼(Life Vest)

비상착수 시 승객이 구명조끼를 착용함으로써 항공기에서 탈출하여 바다에 떨어졌을 때 물속에 가라앉지 않고 수면 위로 뜨게 하는 장비로 사용하며 성인용과 유아용이 있다.

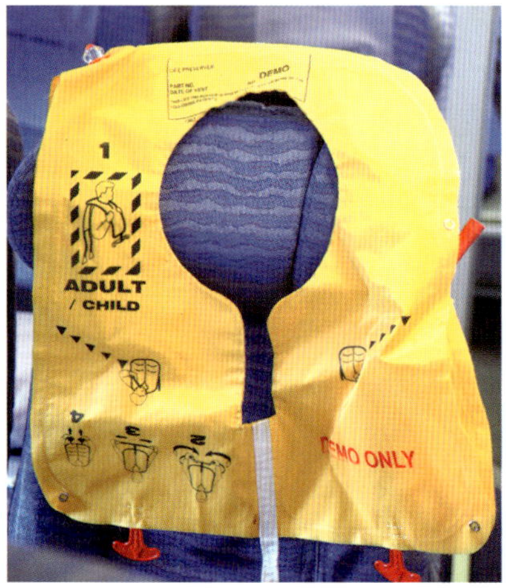

(1) 사용법

- 구명복을 꺼내어 붉은색 손잡이를 앞으로 향하게 하고 머리 위에서부터 입는다.
- 양 strap 사이로 팔을 집어넣고 구명복의 등 부분이 펴지도록 아래로 잡아당긴다.
- 조절 손잡이를 양쪽으로 잡아당겨서 몸에 맞게 조절한다.
- 항공기 탈출 시 구명복 앞쪽의 팽창 손잡이를 당겨 구명복을 부풀린다.
- 충분히 부풀지 않으면 고무관을 입으로 불어 구명복을 팽창시킨다.

(2) 주의사항

- 구명복은 뒤집어 사용할 수도 있다.
- 공기를 뺄 때에는 양쪽 고무관 끝에 있는 핀을 누른다.
- 유아용 구명복은 탈출 전 기내에서 부풀린다.
- 구명복에 'PULL TO LIGHT'라고 표시되어 있는 tap을 당기면 배터리 구멍(hole)이 나타난다. 배터리 구멍에 물이 들어가면 라이트가 켜지고, 라이트는 약 8~10시간 동안 지속된다.

4. 구명정(Raft) 부속장비

구명정 또는 탈출용 미끄럼(raft/slide)에는 구명정을 물 위에서 수리 및 관리하는 데 필요한 유지용 장비, 구조신호를 보내는 신호용 장비와 생존용 장비 등이 있다. 부속장비가 들어 있는 위치는 쉽게 식별할 수 있도록 구명정 표면에 별도로 표시되어 있다.

1) 설치용 장비(Sustaining Equipment)

■ 차양(Canopy)

파도 · 비 · 바람 · 추위를 막고 직사광선 차단용으로 사용한다. 식수를 모으거나 표면의 붉은색이 신호를 보내는 역할도 한다.

차양을 펼친 보트

■ 닻(Sea Anchor)

작은 낙하산 형태로 되어 있고 물속에서 펴져서 물의 저항을 일으킨다. 구명정의 안정을 유지하고, 착수한 위치에서 멀리 표류하는 것을 막는다.

■ 소형 펌프(Hand Pump)

구명정의 튜브에 공기를 주입한다.

■ 양동이(Bailing Bucket)

구명정에 고인 물을 퍼내는 용도로 사용한다.

■ 조임쇠(Clamp)

구명정 표면의 손상된 부분을 수리하는 도구이다.

■ 구명줄(Heaving Line)

구명정끼리 연결하거나, 물에 빠진 사람을 구조하는 인양줄로 사용한다.

■ 다목적 칼(Utility Knife)

다목적의 소형 칼이다.

2) 신호용 장비(Signal Equipment)

■ 연기/불꽃 발생기(Smoke/Flare Kit)

연기나 불꽃을 발생시켜 구명정의 조난 위치를 알리는 신호 기재이다. 낮에는 연기, 밤에는 불꽃 신호를 발생시킴으로써 조난 위치를 알릴 수 있게 고안된 장비이다. 바람을 등지고 kit의 끝부분을 잡는다. 뜨거운 액체가 떨어지므로 구명정 외부로 팔을 뻗고 사용한다.

■ 해면 염색체(Sea Dye Marker)

구명정 주변을 형광 연두색으로 착색시켜 조난을 알리는 화학 염색체이다. 구조팀이 보이고 파도가 잔잔할 때 사용한다.

■ 신호용 거울(Signal Mirror)

태양광선을 반사시켜 구명정의 위치를 알리는 신호용 거울이다.

■ 호각(Whistle)

안개 낀 날씨, 야간 등에 호각 소리로 신호를 보낸다.

3) 생존용 장비(Survival Equipment)

■ 비상식량(Ration)

캔디 · 껌 · 비타민 정 등이 들어 있다.

■ 비상처치상자(First Aid Kit)

응급처치용 의약품이 들어 있다. 내용품은 소독솜, 화상연고, 안연고, 반창고, 멀미약, 붕대, 암모니아 흡입제 등이다.

■ 나침판(Compass)

방향을 알기 위한 도구로 사용한다.

■ 정수기(Desalting Kit)

염분을 제거하여 마실 수 있는 식수로 만들어 준다.

■ 생존 교본(Survival Manual)

구명정의 생존 장비와 생존 방법을 설명한 안내서이다.

CHAPTER 06

PRACTICE DIARY

실습회차

실습실에 준비되어 있는 객실 장비를 점검하고 사용법을 익혀 보자.

실습일 　　　　실습시간

객실 장비	내가 잘한 부분과 아쉬운 부분

멘토의 피드백

다음 실습 시 집중공략

CHAPTER

07

기내 일상 안전 업무

기내 일상 안전 업무란 기내에서 일상적으로 수행하는 안전 업무를 의미한다. 항공 객실 승무원의 기본 업무가 승객의 안전 업무를 수행하는 것이므로 객실 승무원은 기내 일상 안전 업무를 철저히 준수하여 승객의 안전과 쾌적한 여행을 위해 노력해야 한다.

최신 시설의 항공기 설계방식과 제작기술로 항공기가 자동차보다 안전한 교통수단임이 통계를 통해 밝혀졌지만 만약 항공기 사고가 발생한다면 매우 큰 인명피해를 입을 수 있기 때문에 객실 승무원은 이를 대비하여 일상 안전 관리를 늘 철저히 해야 한다.

7장에서는 승객 탑승 전, 항공기 이 · 착륙 전, 비행 중, 착륙 후, 승객 하기 후로 나누어 각 시점별 안전 · 보안 점검 및 관리에 대해 자세히 알아본다.

1. 승객 탑승 전 안전 · 보안 점검

1) 비행 전 점검(Pre-Flight Check)

항공기 사고를 미연에 방지하고 비상사태 발생 시 객실 승무원이 신속하게 대처하기 위해 비행 전 비상장비 및 기내 설비를 점검하는 업무이다. 점검요령은 다음과 같다.

(1) 비상장비

■ 소화기

정위치와 종류, 밀봉(seal) 상태를 확인한다. 압력계(녹색 band) 위치를 확인한다.

■ 산소통과 산소마스크(Bottle & Mask)

정위치와 마스크 및 튜브 상태, 압력계를 확인한다.

■ 손전등(Flash Light)

정위치와 indicator light 작동 여부를 점검한다.

■ 메가폰(Megaphone)

정위치와 고정 상태, 작동 여부를 확인한다.

■ 비상처치상자(FAK: First Aid Kit)

정위치와 밀봉 상태를 확인한다.

■ 응급의학상자(EMK: Emergency Medical Kit)

정위치와 밀봉 상태를 확인한다.

메가폰과 산소통

■ 자동심장제세동기(AED: Automated External Defibrillator)

정위치와 배터리 상태 여부를 확인한다.

■ 비상위치 송신기(ELT: Emergency Locator Transmitter)

정위치와 포장 상태를 점검한다.

■ 산소호흡장비(PBE: Protective Breathing Equipment)

정위치와 포장 상태를 점검한다.

■ 보조안전벨트

정위치에 있는지 확인한다.

(2) 기내 설비

■ 항공기 탑승구(Door)

슬라이드 모드(slide mode)와 잠김(locking) 상태를 확인한다.

■ 기내 주방(Galley) 장비

정상 작동 여부 및 인화성 물질 유무를 점검한다.

■ 승객 좌석 위 선반(Overhead Bin)

유해물질 탑재 여부를 체크한다.

■ 화장실

유해물질 탑재 여부, 내부 시설 잠금 상태를 체크한다.

■ 승객 좌석

좌석벨트, 구명복 탑재 여부, 승객 서비스 기기(PSU: passenger service unit) 작동 상태를 확인한다.

2. 항공기 이 · 착륙 전 안전 · 보안 관리

1) 휴대 수하물 규제 및 처리

승객의 과다한 기내 반입 물건은 비상구나 통로를 막아 비상사태 시에는 신속한 탈출에 커다란 장애요소가 된다. 항공기가 상하로 흔들리는(turbulence) 경우에도 승객에게 상해를 입힐 우려가 있다. 그러므로 휴대 수하물은 반드시 규정에 맞게 반입을 규제하고 적절하게 보관해야 한다.

(1) 기내 반입 가능 품목

- 1인당 수하물(세 변의 합이 115cm 이내) 1개
- 기타 추가 품목으로 핸드백, 서류가방 등 1개
- 유아 요람, 접이용 휠체어(wheelchair), 바이올린 등 소형 악기

(2) 기내 반입 규제 품목(운송 전 사전 허가 필요)

- 총기류, 폭발물, 압축가스
- 인화성 물질(휘발유 등) 및 산화성 물질(질산, 염소산 등)
- 부식성 물질(염산, 황산, 질산 등)
- 방사능 물질, 수은, 자석류
- 애완동물(pet) 이외의 동물류

(3) 기내 휴대 제한 품목(SRI: Security Removed Item)

- 날이 있는 금속 나이프, 종이 커터, 주머니칼 등
- 송곳, 가위 등
- 골프채, 곤봉, 손톱깎이 등
- 건전지(카메라, 노트북 등에 장착된 것은 제외)

  ☞ 단, 상기 물품을 위탁 수하물에 넣어 탁송하는 것은 가능하다.

(4) 휴대 수하물(Carry-On Baggage) 처리 절차

- 규격초과 등 기내 반입이 허용되지 않는 물품은 지상직원과 협의한 후 기내 반입을 적극 제지한다.
- 승객의 수하물은 원칙적으로 승객 좌석 위 선반이나 좌석 아래 또는 비어 있는 기내 수납함(compartment)에 보관하도록 한다.
- 불가피하게 반입된 규격 초과 수하물은 비어 있는 수납함에 보관하여 기내 통로, 승객 좌석 및 비상구 주변에 방치되지 않도록 한다.

2) 승객 좌석벨트 점검(Seat Belt Check)

항공기 이 · 착륙 시 또는 심한 난기류에 의해 항공기가 상하로 흔들리는(turbulence) 경우에는 승객과 승무원에게 매우 위험한 결과가 발생할 수 있다. 이에 대비하기 위한 최선의 조치는 비행 중 상시 좌석벨트를 착용하는 것이다. 좌석벨트 점검요령은 다음과 같다.

- 좌석벨트 착용 경고등(warning light)이 켜지면 객실 승무원은 전 승객이 좌석벨트를 착용할 수 있도록 협조하고 승객들의 착용 상태를 점검해야 한다.

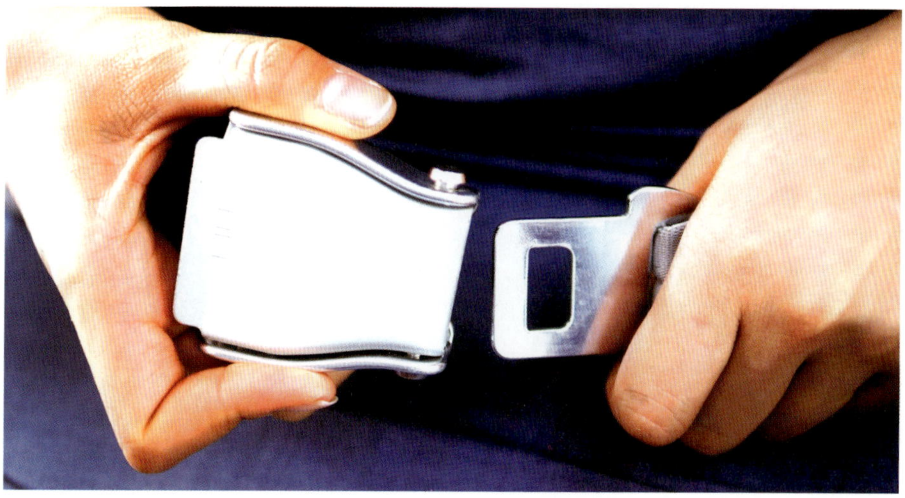

- 좌석벨트 착용 경고등이 꺼지더라도 승객이 착석하고 있는 동안에는 좌석벨트를 착용하도록 안내 방송을 하여 적극적으로 권유한다.
- 어린이는 베개나 모포를 이용하여 몸에 꼭 맞게 좌석벨트를 매도록 하고, 유아는 보호자가 먼저 좌석벨트를 매고 유아를 벨트 밖으로 안아야 한다.

3) 이 · 착륙(Take-Off & Landing) 전 점검

항공기 이 · 착륙 시는 사고의 위험이 가장 클 뿐만 아니라 기체의 동요도 가장 심한 시점이다. 따라서 기내 승무원은 이 · 착륙 전에 각종 확인사항을 담당구역별로 철저히 점검해야 한다.

- 승객의 착석 및 좌석벨트 착용 상태, 화장실 내의 잔류 승객 여부를 확인한다.
- 수하물의 정위치 보관 상태 및 비상구, 통로의 청결(clear) 상태를 점검한다.
- 승객 좌석 위 선반(overhead bin)의 닫힘 상태를 확인한다.
- 기내 주방, 각 수납함의 잠금 상태, 유동물의 고정 상태를 확인한다.

Critical 11 Minutes

Boeing사의 통계에 의하면 항공사 이륙 3분간 및 착륙 8분간이 항공사 사고의 78%를 차지하는 위험스러운 시점으로 이를 'Critical 11'이라 한다.

4) 30초 점검(30-Second Review)

항공기 이 · 착륙 시 객실 승무원이 좌석에 앉아있는 동안 만일의 비상사태 발생 시 취해야 할 일련의 행동절차를 약 30초 동안 마음속에 그려 보는 것을 말한다. 30-second review의 내용과 절차는 다음과 같다.

■ 충격 방지 자세(Brace for Impact)

승무원 및 승객이 취해야 할 충격 방지 자세를 상상해 보고 승객들이 신속히 자세를 취할 수 있도록 어떻게 조치해야 할 것인지 복습한다.

■ 비상시 승객 통제(Panic Control)

비상사태 시 예견되는 캄캄한 기내, 커뮤니케이션 두절 등 각종 기내 상황을 가정하고 적절한 외침(shouting)을 실시하여 승객들이 침착하게 승무원의 지시에 따를 수 있게 하는 일련의 조치를 복습한다.

■ 판단 및 조정(Judgment & Coordination)

비상사태 발생 시 담당해야 할 1차 비상구와 대체 비상구를 정하고 외부 상황을 신속히 파악하여 비상구를 개방할 것 등을 복습한다.

■ 탈출 지휘(Evacuation)

비상구 개방 후 승객들이 질서 있고 신속하게 탈출할 수 있도록 승객들의 탈출차림, 적절한 목소리톤(shouting), 신속한 미끄럼대의 사용 등을 검토한다.

3. 비행 중 안전 · 보안 관리

1) 전자기기 사용 제한

승객이 휴대한 일부 전자기기의 기내 사용은 주파수 간섭 등으로 항공기 통신 기기에 영향을 미쳐 안전운항에 지장을 초래한다. 항공기 이 · 착륙 시에는 이러한 전자제품의 사용을 금지하고, 전자파 출력이 약한 품목만 사용하도록 사용 시기와 품목을 제한해야 한다.

■ 사용 금지 품목

휴대폰, AM/FM 라디오, 리모컨 장난감, 송수신 무전기, PC 주변기기 등

■ 순항 비행 중 사용 가능 품목

개인용 컴퓨터, 게임기, 비디오카메라 등

■ 상시 사용 가능 품목

전자 손목시계, 보청기, 인공호흡기, 인공 심장박동기 등

2) 기내 금연 규정 및 음주 제한

모든 정기편과 부정기편에서 기내 흡연(조종실 포함)은 금지되어 있다. 또한 무분별한 과다 음주자는 대다수 승객들의 쾌적한 여행을 방해할 뿐 아니라 화재를 유발할 우려가 있는 등 기내 안전을 저해하므로 객실 승무원은 과다 음주자를 적절히 통제해야 한다.

© Myung Hye Ree

B787 항공기 객실 화장실 내에 장착된 연기 감지기 (smoke detector)

(1) 금연 규정

- 객실 승무원은 승객이 기내 금연을 유지하도록 지속적으로 점검한다.
- 기내 흡연은 '항공안전 및 보안에 관한 법률'에 의거하여 처벌할 수 있다.
- 화장실 내 흡연 및 연기 감지기(smoke detector) 훼손 역시 법으로 금지되어 있다.
- 승객이 지속적으로 금연 규정을 위반하여 객실 승무원의 업무를 방해했을 경우 기장과 협의하여 공항 경찰에게 인계한다.

(2) 음주 제한 수칙

비행 중 승객에게 주류 음료를 제공한 횟수를 승무원 간 공유하며, 다음과 같은 승객에게는 일체의 알코올 음료를 제공하지 않는다.

- 비행 전 이미 만취 상태로 탑승한 승객
- 비행 중 계속된 음주로 만취한 승객
- 범죄인 등 피호송자와 이들을 호송하는 호송자

3) 기내 난동행위 대처요령

기내에서의 난동이란 난폭한 언행으로 객실 승무원의 업무 수행을 방해하거나 객실 승무원과 탑승객의 안전을 위협하는 일체의 행위를 말한다. 기내 난동행위 대처요령은 다음과 같다.

(1) 1단계: 설득과 요청

현재의 행동이 규정을 위반하고 있으며 안전운항과 타 승객에게 피해를 주고 있음을 주지시키고 설득하며 규정위반 행위를 중지할 것을 요청한다.

(2) 2단계: 구두 경고 또는 경고장 제시

1단계 조치에도 해당 승객이 위반행위를 계속하는 경우 해당 승객에게 구체적인 위반규정을 설명하고 계속적인 규정위반 시 도착지에서 사법처리될 수 있음을 경고하거나 '경고장' 제시를 통해 행위중단을 유도한다.

(3) 3단계: 강력 대응

2단계까지의 조치에도 불응하는 경우에는 기장과 협의 후, 기내에 비치된 구금장비를 사용하여 구금조치하고 필요 시 주변 승객과 격리시킨다.

4) 난기류로 인한 기체 요동

난기류는 해발고도가 높은 산 등 지형의 영향을 받거나 지표면의 열적 특성에 의한 공기의 상승으로 발생한다. 이러한 난기류는 심한 기체의 요동을 유발하여 승객과 승무원을 다치게 할 수 있다. 따라서 객실 승무원은 비행 중 '좌석벨트 상시 착용' 안내 방송을 수시로 실시해야 한다.

(1) '좌석벨트 상시 착용' 안내 방송

기체 요동이 발생했을 때 사고를 최소화하는 최선의 방법은 좌석벨트를 착용하는 것이다. 승객이 좌석벨트를 항상 매고 비행할 수 있도록 좌석벨트 상시 착용 안내 방송을 주기적으로 실시해야 한다.

(2) 좌석벨트 경고등이 켜진 경우(Seat Belt Sign On) 조치

- 좌석벨트 착용 경고등이 켜지면 객실 사무장 또는 객실 승무원은 즉시 안내 방송을 실시해야 한다.
- 취침 중인 승객도 좌석벨트를 매게 하고 화장실 내 승객은 좌석으로 돌아가도록 안내한다. 기내 주방 커튼은 열어서 고정하고, 조명이 너무 어두우면 조도를 조절한다.
- 객실 사무장은 기장에게 난기류의 정도를 문의하여 서비스 중단 여부를 결정해야 한다.

Clear Air Turbulence(CAT): 청천 난기류

지구의 북반구를 감싸고 도는 강한 서풍인 제트기류의 영향으로 상하의 풍속차가 생기면 맑은 날씨에도 난기류가 발생한다. 청천 난기류(CAT)는 예측이 불가능하기 때문에 만나면 큰 피해를 입을 수 있다.

(3) 난기류(Turbulence)의 구분 및 행동 지침

기체 요동은 경미(light turbulence), 중간(moderate turbulence), 심한 난기류(severe turbulence)로 구분할 수 있다. 경미한 난기류를 만났을 경우에는 좌석벨트 착용(fasten seat belt) 경고등을 1회 On/Off한다. 중간 난기류 및 심한 난기류 시에는 2회 On/Off한다. 각 난기류의 구분과 이에 따른 행동 지침을 살펴보면 다음과 같다.

■ 경미한 난기류(Light Turbulence)

- 음료수가 컵에서 찰랑거리고 좌석벨트를 착용한 복부에 약간의 압박을 느낀다.
- 조심스럽게 서비스를 계속하고 뜨거운 음료는 주의를 기울여 취급한다.
- 승객의 좌석벨트 착용 여부를 육안으로 확인한다.
- 화장실 내 승객은 좌석으로 돌아가도록 안내한다.

■ 중간 난기류(Moderate Turbulence)

- 음료수가 컵에서 넘치고 좌석벨트를 착용한 복부에 압박을 느낀다.
- 서비스를 중단하고 카트 상단의 물건을 고정한다.
- 요동이 오래 지속되면 카트를 기내 주방 수납함(galley compartment)에 보관한다.
- 승객의 좌석벨트 착용 여부를 육안으로 확인한다.
- 화장실 내 승객은 좌석으로 돌아가도록 안내한다.

■ 심한 난기류(Severe Turbulence)

- 음료수 컵이 바닥에 떨어지고 좌석벨트를 착용한 복부가 강하게 조인다.
- 서비스를 즉시 중단하고 서비스 카트를 고정한다.
- 뜨거운 커피나 물이 들어 있는 포트(pot)는 바닥에 내려놓는다.
- 가장 가까운 빈자리에 앉는다(카트는 잡고 있어야 한다).
- 승객의 좌석벨트 착용 여부를 무리하게 확인하려 하지 않는다.

(4) 안전 모의시연(Safety Demonstration)

항공기가 이륙하기 전 항공사는 안전규정 및 행동지침, 비상시 탈출절차 등을 안내한다. 안전 모의시연의 내용은 비상구 위치, 좌석벨트 사용법, 수하물 보관, 구명복 위치와 산소마스크 착용법, 금연 안내이며 해당 내용을 영상으로 상영하거나 승무원이 실연한다. 승무원은 항공기에 탑승하여 기기의 영상 상태를 확인하고 기기가 불량이거나 승무원 실연이 필요한 경우를 대비하여 각자 자신이 위치한 곳에 보관되어 있는 DEMO 용구의 내용물과 청결 상태를 점검한다.

4. 착륙 후 안전 · 보안 점검 · 관리

항공기가 안전하게 착륙한 후 객실 승무원이 실시해야 할 안전 · 보안 관련 업무는 이동 승객 제지, 착석 상태 유지, 승객 유실물 점검 및 조치, 기내 설비 이상 유무의 점검 및 보고이며, 구체적인 내용은 다음과 같다.

- 항공기가 착륙한 후 승객이 하기할 장소로 이동하는 taxiing 중 좌석벨트 착용 사인이 꺼질 때까지 좌석에서 일어서거나 이동하는 승객을 제지하고, 모든 승객이 착석 상태를 유지하도록 안내한다.
- 탑승객의 전원 하기를 확인한 후 담당구역의 화장실, 좌석 주위, seat pocket, overhead bin, coatroom 등을 순회하며 승객 유실물을 점검한다.
- 유실물 발견 시에는 먼저 객실 사무장에게 보고하여 유실물을 도착지의 운송직원에게 인계한다.
- 운송직원에게 연락이 불가한 경우에는 도착지 공항의 분실물창구에 인계해야 하며, 객실 사무장은 유실물의 내용, 형태, 개수, 발견 장소, 인계 운송직원의 인적 사항 등을 사무장 비행보고서에 기재하여 회사에 보고한다.
- 객실 설비의 이상 유무 상태를 점검하고 이상이 발생했을 경우, CDL에 결함 내용과 위치를 구체적으로 기록하고 white copy를 절취하여 기장에게 전달한다.

CDL

비행 중에 생긴 squawk(객실 고장이나 작동 불량 사항)와 그 결함 상태를 기록하는 객실정비일지이다.

안전 모의시연(Safety Demonstration) 방송문

☞ 빨간색 표시에 강세를 두고 읽는다.

지금부터 **비상구 위치**와/ **비상장비 사용법**에 대해/ **안내**해 드리겠습니다.

잠시/ **주목**해 주시기 바랍니다.

이 비행기의 **비상구**는/ 모두 **4개**로/ **좌우**에 각각 있습니다.

팔 동작

만일의 경우에 대비하여/ 여러분의 **좌석**에서 가장 가까운 **비상구 위치**를/ **확인**하시기 바랍니다.

팔 동작

비상시 비행기의 **전원이 꺼질** 경우/ 통로의 **유도등**이 자동으로 켜지며,/ 이 유도등은 **비상구**까지

팔 동작

여러분을 **안내**할 것입니다.

좌석벨트 사인이 켜지면/ 반드시 좌석벨트를 매 주십시오.

벨트 Pick-up

벨트는 **버클**을 끼워 허리 아래로 내려서 **조여** 주시고,/ 풀 때에는 **덮개**를 **들어** 올리시면 됩니다.

끼우기 | 조이기 | 들어 올리기(산소마스크 준비)

산소마스크는 선반 속에 있으며,/ 산소 공급이 필요한 비상시에/ 저절로 **내려**옵니다.

산소마스크 위치 | 떨어뜨리기

마스크가 내려오면 앞으로 **잡아당겨**/ **코**와 **입**에 대시고,/ 끈으로 머리에 **고정**해 주십시오.

당기기 | 대기 | 고무줄 고정

도움이 필요한 동반자가 있을 때에는/ **먼저 착용**한 후/ 도와주시기 바랍니다.

고무줄 당기기

여러분의 좌석 아래에 있는 구명복은/ 비행기가 바다에 내렸을 경우/ 사용하시게 됩니다.

구명복 보이기　앞뒤로 돌리기

착용할 때에는 머리 위에서부터 입으시고/ 양팔을 끼운 다음/ 끈을 아래로 당기십시오.

착용　팔 끼우면서 돌기　당기고 제자리로 돌기

노란색 손잡이를 양옆으로 잡아당겨/ 몸에 맞게 조절해 주십시오.

당기기　좌우

구명복은 기내에서 부풀지 않도록 유의해 주시고,/ 부풀릴 때에는 탈출 직전/ 비상구 앞에서

손잡이 잡기

붉은색 손잡이를 당기시면 됩니다.

좌로 2번, 우로 2번 당기고 제자리

충분히 부풀지 않을 때에는/ 양쪽의 고무관을/ 힘껏 불어 주십시오.

고무관 잡기　좌, 우 불기

보다 자세한 사항은 앞좌석 주머니에 있는 안내문을 참고하시기 바랍니다.

안내문 pick up 정면 보이기　뒤로 돌리기

아울러 안내문에 설명된 바와 같이/ 비상구 좌석에 앉으신 분께서는/ 비상시 저희 승무원과

DEMO 용구 챙겨 이동하며 안전 점검

함께 다른 승객의 탈출을 돕게 되어 있습니다./ 여러분의 적극적인 협조를 부탁드립니다.

안전 모의시연(Safety Demonstration) 동작

비상구 위치 안내

좌석벨트 사용법 안내

산소마크스 사용법 안내

구명복 착용법 안내

구명복 팽창법 안내

Safety Information Card 안내

PRACTICE DIARY 1

실습회차

Safety Demonstration을 실습해 보자.

실습일 　　　　실습시간

내가 잘한 부분과 아쉬운 부분

멘토의 피드백

다음 실습 시 집중공략

PRACTICE DIARY 2

실습회차

이 · 착륙 전 점검요령을 실습해 보자.

실습일 　　　　　　 실습시간

실습한 부분	내가 잘한 부분과 아쉬운 부분

멘토의 피드백

다음 실습 시 집중공략

PRACTICE DIARY 3

실습회차

비행 중 난기류 발생 시 점검요령을 실습해 보자.

실습일

실습시간

실습한 부분	내가 잘한 부분과 아쉬운 부분

멘토의 피드백

다음 실습 시 집중공략

PRACTICE DIARY 4

실습회차

착륙 후 점검요령 및 유실물 발견 시 대처요령을 실습해 보자.

실습일   실습시간

실습한 부분	내가 잘한 부분과 아쉬운 부분

멘토의 피드백

다음 실습 시 집중공략

CHAPTER 08

비정상상황 안전 업무

비정상상황 안전 업무란 비정상상황에 대응하기 위한 안전 업무를 의미한다. 감압, 화재, 폭파 위협, 비상탈출 등과 같은 비정상상황에서는 객실 승무원의 빠른 상황 판단과 운항 승무원과의 긴밀한 협조가 매우 중요하다.

비정상상황은 여러 가지 원인으로 발생할 수 있으며, 발생 시 단계별로 상황을 처리할 수 있도록 항공사에서는 교육하고 있다. 뿐만 아니라 비정상상황이 발생할 경우를 대비하여 정기 안전 훈련에서는 화재 진압과 비상탈출 및 비정상상황 시청각 훈련을 실시하고 있다.

객실 승무원은 기내에서 비정상상황이 언제든지 발생할 수 있으므로 점검과 준비를 철저히 해야 한다는 강한 안전의식을 가지고 비정상상황 안전 업무를 수행해야 한다.

8장에서는 객실 감압, 객실 연기 및 화재, 비상탈출로 크게 나누고 각 상황에서의 조치와 필요 장비, 비상착륙과 비상착수의 절차에 대해 알아본다.

1. 객실 감압

비행고도 35,000ft(10,668m)에서 기내 고도는 약 7,000ft(2,134m)를 유지하게 된다. 실제 비행하는 35,000ft 상공에서는 별도의 생존장비가 필요하지만 기내에는 여압장치에 의해 마치 7,000ft 상공에 있는 것과 같은 환경이 조성된다. 그러나 기체의 손상이나 여압장치 등의 고장으로 기내가 적정 기압을 유지하지 못하고 실제 비행하는 고도에 가까워지게 되면 감압현상이 발생한다. 감압현상이 발생하여 기내 고도가 14,000ft 이상이 되면 자동으로 산소마스크가 낙하한다.

감압 발생 시 산소마스크 자동 낙하

1) 감압현상(Decompression)

(1) 공통현상

- 산소마스크가 낙하한다.
- 감압 방송이 자동 작동한다("비상강하 중!", "Attention!", "Emergency descent!" 등).
- 좌석벨트 착용 경고등이 켜진다.
- 기내 조명은 가장 밝은 상태로 조절된다.

(2) 완만한 감압 시 현상

- 서서히 객실 내 압력이 빠져나가면서 기내 고도가 상승하며 통증을 느낄 수 있다.
- 귀가 멍멍해진다.

(3) 급격한 감압 시 현상

- 비행 중 기내 압력이 빠른 시간 내에 빠져나가는 현상이다.

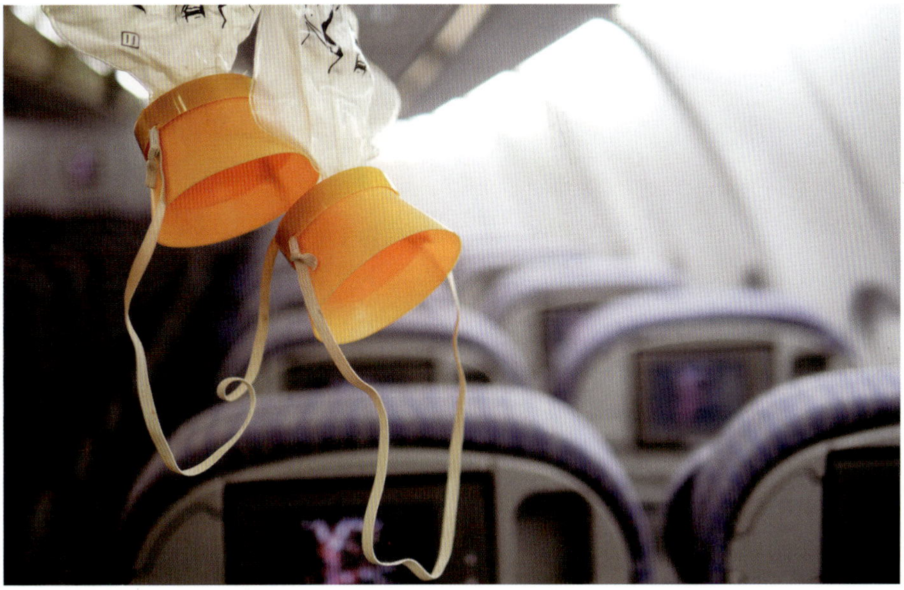

- 굉음이 들리고 안개 현상이 나타난다.
- 차가운 바람이 유입되며 기내 온도가 내려간다.
- 항공사의 외벽 손상, 폭발물의 폭발 등으로 발생한다.
- 심각한 경우에는 폭발적인 감압 형태로 나타날 수 있다.

2) 감압 발생 시 조치

(1) 객실 승무원 조치사항

감압현상이 발생하면 객실 승무원은 신속히 다음과 같은 조치를 취한다.

- 가장 가까이 있는 산소마스크를 즉시 착용한다.
- 빈 좌석에 신속히 착석한다.
- 승객들의 산소마스크 착용 상태를 확인한다.
- 승객을 향하여 큰소리로 외친다.
  예 "산소마스크를 쓰세요!"("Put on the mask!")
  예 "벨트 매세요!"("Fasten seat belt!)

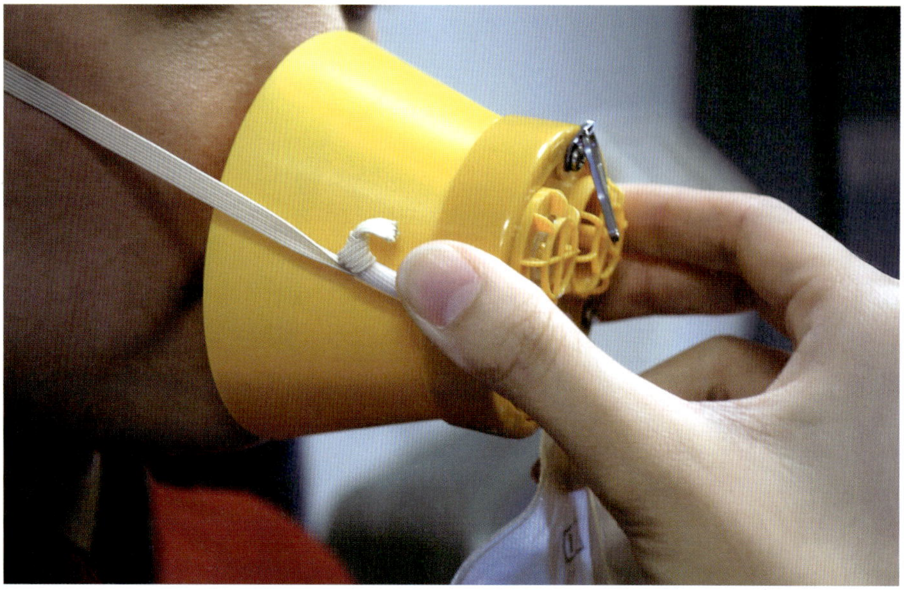

산소마스크는 보호자 우선 착용 후, 동반 아동 착용

(2) 안전고도 강하 후 기내 점검

감압현상이 발생하면 운항 승무원은 항공기를 신속하게 안전고도 10,000ft까지 하강시킨다. 운항 승무원으로부터 움직여도 좋다는 연락이 오면 다음과 같이 기내와 승객을 점검한다.

- 객실을 순회하며 승객들이 동요하지 않도록 안심시킨다.
- 감압증을 겪는 승객은 안정을 취할 수 있도록 돕는다.
- 부상 승객이 있는 경우 응급처치를 하고 필요 시 의료진에게 도움을 요청한다.
- 기내에 화재가 발생한 곳이 있는지 확인한다.
- 저산소증(hypoxia) 승객에게는 휴대용 산소통을 이용하여 산소를 공급한다.
- 동체의 균열이 있는 곳에 가까이 착석한 승객에게는 좌석을 재배치한다.
- 기내 천장(ceiling)에서 내려온 산소마스크는 좌석 앞주머니 속에 넣는다.

산소마스크를 원위치시키려고 해서는 안 된다.

- 화장실을 점검하고 기타 위험 요소가 있는지 살핀다.

3) 객실 산소 공급시스템

기내에 감압현상이 발생하면 산소 공급시스템이 자동으로 작동하게 된다. 이때 산소는 약 15분 동안 공급된다. 항공기 객실 산소 공급시스템은 화학반응식 개별 산소 공급시스템과 탱크식 산소 공급시스템으로 나눌 수 있다.

(1) 화학반응식 개별 산소 공급시스템

B777, A330, A300, B737 항공기에는 화학반응식 개별 산소 공급시스템이 장착되어 있다. 비행 중에 감압이 발생할 경우 낙하된 마스크를 잡아당기면 즉시 자동으로 화학반응을 일으켜 산소가 공급된다. 이때 산소 공급으로 인해 발생하는 열로 기내 온도가 상승할 수 있고 일시적으로 타는 듯한 냄새가 날 수 있다. 화학반응으로 산소가 발생하기 때문에 산소 공급이 시작되면 중단할 수 없으며 약 15분간 지속된다.

(2) 탱크식 산소 공급시스템

B747 항공기는 탱크식 산소 공급시스템으로 산소를 공급한다. 비행 중에 감압이 발생할 경우 항공기의 산소 저장 탱크(tank)에서 자동으로 산소가 공급되는 시스템이다. 화학반응식 개별 산소 공급시스템과 달리 항공기가 안전고도에 이르게 되면 조종실에서 산소 공급을 중단할 수 있다. 또한 객실 고도가 10,000ft에 이르면 자동으로 산소 공급량이 감소한다.

WORKSHEET 1

유효의식시간(TUC: time of useful consciousness)이란 감압현상으로 인체에 산소가 부족해져 정상적인 활동을 할 수 없게 되기까지 이르는 시간을 말한다. 서칭(searching) 활동을 통해 TUC에 대해 알아보고, TUC는 고도에 따라 얼마나 차이가 있는지 살펴보자.

내가 활용한 콘텐츠 ______ 소요시간 ______

유효의식시간(TUC)에 대해 새롭게 배운 것	
고도에 따른 TUC의 차이	

멘토의 피드백

2. 객실 연기 및 화재

기내에 연기 및 화재가 발생하면 객실 승무원과 운항 승무원 상호 간에 원활한 소통 및 협조가 필수적으로 이루어져야 한다. 기내 화재는 화장실의 쓰레기통에 버린 담배꽁초에 의한 화재, 기내 주방(galley)의 오븐(oven)이나 기내 주방에 장착된 뜨거운 컵 등의 과열에 의한 화재, 기타 기내 시설 통제 패널(control panel) 등의 전기계통에서 발생하는 화재 등 다양한 원인에 의해 발생하며 대부분 연기를 동반하게 된다. 기내에 연기나 화재가 발생한 경우에는 다음과 같이 조치한다.

1) 연기 및 화재에 대한 일반 지침

(1) 비행 중 조치

- 다른 객실 승무원에게 도움을 청하여 신속히 운항 승무원에게 알린다.
- 객실 승무원용 산소마스크(PBE: protective breathing equipment)를 착용하고 필요하면 석면장갑을 낀다.
- 전기계통의 화재 시에는 전원을 차단하고 기내 주방의 전원차단기(circuit breaker)를 뽑는다.
- 소화기의 노즐이 불꽃의 아래쪽을 향하게 하여 화재를 진압한다.
- 승객들을 화재나 연기로부터 대피시키고, 연기가 많을 경우에는 승객이 좌석 팔걸이(armrest)보다 몸을 낮게 숙이도록 안내한다.

(2) 지상에서의 조치

- 위에 열거한 비행 중 조치 순서를 따른다.
- 만일 수차례에 걸친 연락에도 불구하고 기장의 응답이 없고 화재가 위험한 상태로 확대될 경우에는 기체 외부 상황을 판단한 후, 신속히 탈출을 시도한다.
- 탈출 후, 항공기의 화염이나 폭발로부터 충분히 안전한 곳으로 승객들을 대피시킨다.

2) 객실 설비에 대한 화재 진압 지침

객실 시설 및 장비에서 화재가 발생한 경우에는 위의 '연기 및 화재에 대한 일반 지침' 이외에 추가로 아래의 화재 진압 지침을 따른다.

(1) 화장실 화재

- 화장실에 화재가 발생한 경우 smoke detector에서 낮은 음의 경보음이 객실에 울리고 해당 화장실 외부에 장착된 등이 켜지거나 꺼진다.
- 화장실 문에 손등을 대고 열을 감지한다.
- 문이 뜨거울 경우, 문을 조금 열고 화재의 정도와 근원지를 파악한다.
- 만일 화장실의 쓰레기통에서 화재가 났다면 쓰레기통 뚜껑을 열고 할로겐 소화기로 직접 내부에 분사한다.
- 화재 진압 중 또는 종료 시에는 기장에게 통보하고 화장실을 폐쇄한다.

(2) 오븐 화재

- 오븐(oven) 안에서 불이 난 경우에는 오븐 문을 닫아 산소 공급을 차단한다.
- 해당 오븐의 전원차단기를 잡아당겨 전원을 차단한다.
- 연기가 많이 발생할 경우에는 승무원용 산소마스크(PBE: protective breathing equipment)를 착용하고 할로겐 소화기로 화재를 진압한다.

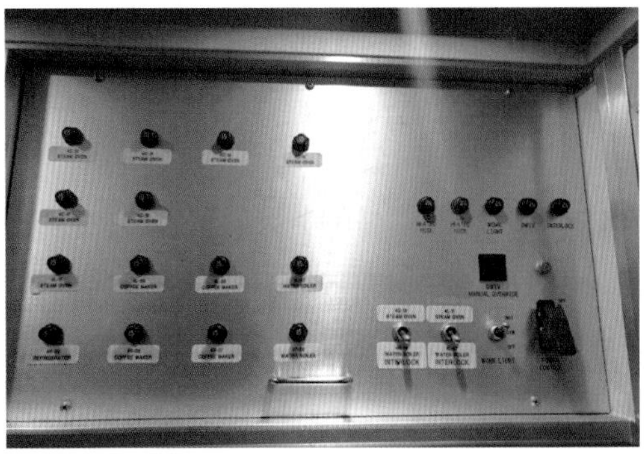

© Myung Hye Ree

galley 내 장착된 전원차단기(circuit breaker)

(3) 기타 화재

- 기내 주방(galley) 내의 쓰레기, 기내 장식 및 기내 시설 통제 패널(control panel) 등에서 화재가 발생한 경우에는 위의 '객실 설비에 대한 화재 진압 지침'을 참고한다.
- 화재를 진압한 후에는 소화기로 불씨를 완전히 제거한다.
- 화재가 발생한 곳은 모든 객실 승무원이 지속적으로 관찰하여 화재가 재발화하지 않도록 주의를 기울여야 한다.

3) 화재의 유형 및 진압 장비

화재를 진압하기 위해서는 화재의 성격을 파악하는 것이 중요하다. 화재의 유형에 따라 사용 가능한 종류의 소화기가 다르기 때문이다. 그러나 긴급한 상황으로 인해 소화기 결정이 어려울 경우에는 지체하지 않고 모든 화재 유형에 적용이 가능한 Halon type 소화기를 사용하고 그 후 고형물질에 의한 화재일 경우 H_2O type 소화기를 사용하도록 한다.

H_2O type 소화기는 지속시간이 약 40초이고, Halon type 소화기는 약 15초로 사용시간이 매우 짧으므로 화재 진압에 직접 참여하지 않는 승무원은 신속하게 객실 내 소화기를 준비하여 화재 진압을 돕도록 한다. 화재가 재발화하지 않도록 진화된 화재의 근원을 재점검하고 재발화를 막기 위해 뜨거운 표면 위에 소화액을 충분히 분사하도록 한다.

화재 유형별 진압 장비

화재 유형	발화 요인		소화기
A	고형물질	• 종이 • 승객 물품 • 의류	H_2O type Halon type
B	기름	• 휘발성 액체	Halon type
C	전기	• 오븐 • 객실 내 형광등	Halon type

WORKSHEET 2

서칭(searching) 활동을 통해 국내외 기내 화재 사례에 대해 살펴보고, 응대 과정을 공유해 보자.

내가 활용한 콘텐츠 | 소요시간

사례 1	
사례 2	

멘토의 피드백

3. 비상탈출

기체의 중대한 결함이나 충돌적인 비상사태로 더 이상 운항하지 못하고 육상에 긴급히 착륙하는 것을 비상착륙(emergency landing)이라고 하고, 바다 · 강 · 호수 등에 긴급 착륙하는 것을 비상착수(ditching)라고 한다. 이러한 비상착륙에는 준비된(anticipated) 비상착륙과 준비되지 않은(unanticipated) 비상착륙이 있다.

1) 비상착륙 시 탈출절차

준비되지 않은 비상착륙은 항공기 이 · 착륙 시에 주로 발생하며, 객실 승무원이 대비할 시간이 전혀 없이 급작스럽게 전개되므로 여기서는 비상사태에 대비할 시간적 여유가 있는 준비된 비상착륙 시의 탈출절차에 대해 알아보기로 한다.

(1) 상황 접수

- 객실 사무장은 기장으로부터 비상사태의 유형, 잔여시간 등을 파악한다.
- 충격 방지 자세 신호 방법, 탈출 신호 방법 등을 기장과 협의한다.

(2) 객실 사무장의 비상착륙 준비사항 브리핑

- 객실 사무장은 기장으로부터 얻은 정보를 객실 승무원에게 전달한다.
- 비상사태 유형 및 잔여시간을 고려하여 기내 준비 절차를 수립한다.

(3) 승객에게 안내 방송 또는 소그룹 설명

- 좌석등받이, 좌석 테이블, 개인용 모니터 등을 원위치시킨다.
- 승객에게 충격 방지 자세를 설명한다.
- 승객에게 비상 탈출구 위치를 확인시킨다.
- safety information card 내용을 숙지시킨다.
- 날카로운 물건을 제거하고 몸에 끼는 옷은 느슨하게 한다.
- 신발을 벗도록 한다(비상착수 시).
- 구명복을 착용한다(비상착수 시).

(4) 협조자 선정 및 브리핑

- 비상탈출구에 배치할 협조자를 선정하고 임무를 부여한다.
- 협조자 3명을 선정하여 1명은 객실 승무원을 돕고, 2명은 먼저 탈출하여 외부에서 승객을 돕도록 한다.
- 협조자들의 좌석을 담당 탈출구 주변에 재배치한다.
- 노약자, 장애자 등 도움이 필요한 승객들을 위한 협조자를 선정하고 임무를 부여한다.
- 해당 승객 옆에 협조자가 앉도록 좌석을 재배치한다.
- 2명의 협조자를 먼저 탈출시켜 탈출용 미끄럼(slide) 하단에 대기시키고 내려오는 지체 부자유자를 돕도록 한다.

(5) 기내 및 기내 주방(Galley) 점검

■ 기내 점검 및 안전 조치

- 수하물의 안전한 보관과 좌석벨트 착용 상태를 확인한다.
- 좌석등받이, 좌석 테이블, 개인용 모니터 등의 원위치 상태를 확인한다.

■ 기내 주방(Galley) 내 유동물 고정

- 카트, 캐리어 박스 등을 고정하고 latch를 건다.
- 커피 pot 안의 커피를 비우고 pot를 고정한다.

■ 최종 점검

- 기내 및 기내 주방의 조명을 조절한다(기내를 외부보다 어둡게).
- 기장에게 기내 준비 완료를 보고한다.
- 비상탈출 시의 임무를 재차 숙지한다.
- 비상 라이트를 켠다.
- 지정된 승무원 좌석에 착석하고 좌석벨트와 어깨벨트를 맨다.

(6) 충격 방지 자세 실시

- 기장이 좌석벨트 착용 사인을 4회 울리거나 'brace for impact'라는 방송을 2회 실시하면, 즉시 충격 방지 자세를 취한다.
- 객실 승무원은 승객들이 충격 방지 자세를 취하도록 shouting("충격 방지 자세!")을 3회 실시한다.
- 항공기가 완전히 정지할 때까지 충격 방지 자세를 계속 유지한다.

(7) 탈출을 위한 상황 판단

- 기장의 탈출 지시 방송이나 탈출 신호음을 듣는 즉시 탈출을 시작한다.
- 조종실에 수차례 연락을 시도했으나 응답이 없다면 승무원은 다음과 같은 경우에 한해 비상탈출을 스스로 결정할 수 있다.

  ☞ 주의: emergency checklist에 의한 업무 수행 중에는 기내의 연락에 즉각적으로 응답할 수 없는 경우도 있다.

  – 항공기의 심각한 구조적 손상

  – 위험한 화재나 연기 발생

  – 승객들이 위험 상태에 직면한 경우

(8) 승객 탈출 명령

- 좌석 이탈 명령을 큰소리로 승객에게 알린다.

  예 "벨트 푸세요!"("Release seat belts!"), "일어나세요!"("Get up!"), "나오세요!"("Get out!"), "짐 버리세요!"("Leave everything!")
- 승무원은 착석했던 승무원 지정 좌석에서 일어나 손전등을 들고 지정된 탈출구로 간다.
- 필요 시 협조자를 통해 외부 상황을 확인하고 탈출구를 개방하도록 지시한다.

(9) 항공기 탈출 시작

■ 탈출에 이용할 비상 출구의 사용 가능성 확인

- 기체 외부에 화재가 발생했을 때에는 반대쪽 탈출구를 이용한다.
- 항공기 비상착륙 후의 정지 자세에 따라 이용할 수 있는 탈출구를 선정한다.
- 수면 위에 위치한 탈출구를 이용한다(비상착수 시).

■ 이용할 탈출구 개방 및 승객 탈출

- 탈출용 미끄럼(slide)의 mode가 'armed' 상태인지 확인하고 문을 열어 slide를 팽창시킨다.
- 도어가 'jammed' 상태로 열리지 않을 경우 또는 도어가 열렸으나 slide 사용이 불가능할 경우에는 다른 탈출구로 유도한다.
- 객실 승무원이 한 개 이상의 탈출구를 담당하고 있을 경우, 협조자들에게 나머지 탈출구를 열도록 지시한다.
- 객실 승무원은 승객의 탈출을 방해하지 않는 탈출구(dedicated assist space)에 위치하여 보조핸들을 잡고 승객을 신속히 탈출시킨다.

■ Slide/Raft에 승객을 옮겨 태우고 기체에서 Raft 분리

- 계류 자동 작동용 핸들(mooring release handle)을 잡아당겨서 slide/raft를 항공기에서 완전히 분리한 후 안전거리까지 대피시킨다(비상착수 시).

- first aid kit, megaphone, flash light, ELT 등 반출 휴대장비를 가지고 탈출한다. 항공기에 잔류 승객이 있는지 확인한다.

(10) 탈출 후 조치

■ 항공기로부터 안전거리로 대피 후 승객 파악

- 부상 승객에 대한 응급처치를 실시한다.
- 승객, 승무원의 인원을 파악한다.

■ 구조신호 발신

- sea anchor를 설치하여 가능한 한 사고지점으로부터 멀리 표류하지 않도록 한다(비상착수 시).

■ 비상사태에 대한 사후보고

- 사고 발생 후 24시간 내에 소속 부서에 보고서가 전달되어야 한다.

2) 비상착수(Ditching) 시 탈출절차

비행 중인 항공기에 더 이상 운항이 불가능한 중대한 기체 결함이나 돌발적인 비상사태로 비상착수를 시도해야 하는 경우가 있다. 비상착수 시 항공기에서 취해야 할 비상탈출 절차는 (일부 비상장비를 제외하고는) 비상착륙 절차와 거의 비슷하다.

항공기에서 탈출한 후에도 승객과 객실 승무원이 예상치 못하게 수면 위에서 생존해야 한다는 점을 제외하고는 비상착륙과 유사한 과정을 거치게 되므로 비상착수에 해당하는 부분은 위의 비상착륙 과정 중 (　) 안에 삽입하여 추가로 표시했다.

(1) 비상착수 특성

항공기 사고의 약 80%가 이 · 착륙 과정에서 발생하므로 대부분의 공항은 만일의 비상착수를 대비하여 바다 인근에 위치한다. 따라서 비상착수는 육지에 착륙하는 비상착륙과 달리 수면 위라는 특수한 환경으로 인해 비상착륙 시보다 훨씬 더 심각한 상황에 처하게 될 수 있다.

■ 수중 생존을 위한 주위 환경 극복

- 구조기가 도착할 때까지 뜨거운 태양열, 극심한 일교차, 거친 파도 등을 이겨내야 한다.
- 이용할 구명정이 없을 경우에는 구조될 때까지 물속에서 견뎌야 한다.

■ 구조 활동에 많은 시간 소요

- 조사된 사례에 의하면 육지로부터 35마일 사고 발생지에서 구조될 때까지 대체로 2~4시간이 소요되었다.
- 육지와의 거리 · 날씨 · 시간 등에 의해 구조에 걸리는 시간이 더 길어질 수 있다.

(2) 체온저하 현상

인간이 차가운 물에 잠겼을 때 사망하게 되는 가장 큰 원인은 체온저하(hypothermia)이다. 오래전부터 이 같은 상황을 극복하고 장시간 생존할 수 있는 방법을 연구하고 있으며, 결국 수중에서의 체온저하를 방지하는 것은 생존 연장을 의미할 뿐 아니라 구조될 수 있는 가능성을 높이는 결정적인 요소가 된다.

- 체온저하는 신체 내부의 체온이 정상 온도(36.5℃) 이하로 떨어져 신체 기능이 저하되는 증상으로, 체내에서 생성되는 열량보다 빼앗기는 열량이 더 많을 때 발생한다.
- 항공기 비상착수로 인한 체온저하는 원인에 따라 사고에 의한 체온저하(accident hypothermia)와 입수에 의한 체온저하(immersion hypothermia)로 구분된다.

- 체온저하가 생존에 치명적인 이유는 심장 기능의 저하와 심장발작 그리고 순간적인 입수 충격에서 오는 과호흡(hyperventilation) 증상을 초래하기 때문이다.

외부 조건에 의한 체온저하 현상을 방지하기 위해서는 가능한 한 신체를 웅크려서 노출 부위를 작게 하여 몸에서 빼앗기는 열을 최소화해야 한다. 체온저하 방지를 위한 자세에는 H.E.L.P(heat escape lessening posture)와 huddle 자세가 있다.

■ H.E.L.P 자세

- 태아처럼 몸을 웅크려 체온을 최대한 유지할 수 있는 자세로, 체온 손실이 많은 목과 겨드랑이, 허벅지 안쪽을 몸에 바짝 붙여 체온을 유지하는 자세이다.
- 개별적으로 취하는 체온 유지 자세이다.

■ Huddle 자세

- 태아 자세를 취한 여러 명의 사람들이 서로서로 팔짱을 끼고 원 모양으로 모여 체온 손실을 줄이는 자세이다.
- 집단으로 무리를 이루는 단체 체온 유지 자세이다.

WORKSHEET 3

서칭(searching) 활동을 통해 항공기 비상착륙 및 비상착수의 사례를 조사하고 사고의 원인과 탈출과정 등을 분석해 보자.

내가 활용한 콘텐츠 ____________________ 소요시간 ____________

사례 1	
사례 2	

멘토의 피드백

PRACTICE DIARY 1

실습회차

학습한 내용을 토대로 감압 발생 시 업무 절차를 연습해 보자.

실습일 　　　　실습시간

감압 발생 시 조치사항	내가 잘한 부분과 아쉬운 부분

멘토의 피드백

다음 실습 시 집중공략

PRACTICE DIARY 2

실습회차

학습한 내용을 토대로 객실 연기 및 화재 발생 시 업무 절차를 연습해 보자.

실습일　　　　실습시간

연기/화재 발생 시 조치사항	내가 잘한 부분과 아쉬운 부분

멘토의 피드백

다음 실습 시 집중공략

PRACTICE DIARY 3

실습회차

학습한 내용을 토대로 비상탈출 시 업무 절차를 연습해 보자.

실습일

실습시간

비상탈출 시 업무 절차	내가 잘한 부분과 아쉬운 부분

멘토의 피드백

다음 실습 시 집중공략

PART

4

항공 객실 서비스 (국내선)

1960년대에 대한민국 최초의 국내 항공 여객노선 운항이 시작되었다. 현재는 국내에 약 15개의 공항이 있어 짧은 시간에 자유로운 이동이 가능하다. 국내선은 국제선 노선보다 비행시간이 짧기 때문에 제공하는 서비스가 간소한 편이며, 승객과의 대면 시간이 비교적 충분하지 않다.

저비용 항공사인 LCC(low cost carrier)의 경우 비행시간 동안 생수를 제외한 음료 및 서비스 용품은 유상으로 제공하는 경우가 대부분이다. 반면에 FSC(full service carrier) 항공사에서는 모두 무상으로 제공하며 클래스별로 구분하여 운영하고 있다.

기내에서 제공하는 국내선 서비스는 국제선 노선의 서비스와 차이가 있지만 안전 업무나 승객 응대 지침 등은 모두 동일하며, 국내선 업무 지침에 수록되지 않은 사항은 국제선 서비스 기준을 따르도록 하고 있다.

CHAPTER 09 항공기 탑승 전 비행 준비

CHAPTER 10 항공기 탑승 후 객실 서비스

CHAPTER

09

항공기 탑승 전 비행 준비

객실 승무원은 항공기 탑승 전 비행을 위한 준비를 한다. 항공기라는 제한된 공간에서 근무를 하는 객실 승무직의 특성상 사전에 해당 비행에 대한 준비가 미흡하여 발생하는 실수를 되돌리기는 어렵다. 또한 할당된 스케줄에 따라 매번 다른 노선에서 서비스를 수행하기 때문에 해당 비행별 상황과 특별한 사항 등을 완벽하게 숙지하고 있어야 한다.

회사에 출근한 승무원은 해당 편에 필요한 정보를 확인하고 용모, 복장을 점검하여 브리핑을 갖기 전에 준비를 마친다. 이후 공항으로 이동하여 공항에서 수행해야 하는 업무를 마치고 항공기에 탑승하게 된다.

9장에서는 항공기 탑승 전 비행 준비에 대해 회사와 공항으로 공간을 구분하여 각각 객실 승무원이 비행을 위해 준비하고 수행하는 업무에 대하여 배운다.

1. 회사(Crew Building)에서의 업무

객실 승무원은 개인 스케줄에 할당된 비행 업무를 위해 출근을 하게 된다. 일반적으로 공항에 위치한 승무원 빌딩(crew building)으로 출근하여 이곳에서 비행에 필요한 최종 준비를 하며 해당 편 승무원들과 대면하는 객실 브리핑(cabin briefing)을 갖게 된다.

승무원 빌딩에는 회사에서 전달하는 개인 우편물과 직장 동료 간에 메모를 전할 수 있는 개인 메일함이 있고 용모 · 복장 재점검을 위한 미용실이 있다. 여유시간에 승무원 상호 간에 대화를 나눌 수 있는 휴게장소는 물론 추가 비행정보 준비를 위한 정보 공유실과 유니폼을 지급받는 제복실도 있다.

승무원 빌딩에 출근한 승무원은 라커룸과 미용실에서 용모와 복장 점검을 마치고 show-up을 한 후 개인 메일함을 둘러보고 정보 공유실로 가서 비행편의 업무 할당과 브리핑 정보, 당일 회사 소식 등을 조회한다. 이를 마친 승무원은 객실 브리핑 시간까지 휴게실에서 개인 용무를 보며 대기한다.

1) 출근

계절, 기후, 교통 혼잡 등 여러 출근 상황을 고려하여 충분한 시간적 여유를 가지고 출근한다. 유니폼을 입고 출근할 때에는 회사 규정에 맞는 화장법(make-up)과 헤어스타일(hair style)을 갖추어야 하며, 사복 착용 시에도 승무원의 품위 유지를 위해 정장 차림을 해야 한다. 출근 시에는 승무원이 휴대해야 할 필수 휴대 품목을 지참하도록 한다.

승무원 필수 휴대 품목

구분	필수 휴대품(domestic flight 경우)
사무장	• cleaning coupon • 방송문, 객실 승무원 업무교본(COM) 및 업무규정집(SSH)
일반 승무원	• 직원 신분증(ID card) • 업무 수행에 필요한 지급품(apron, 기내화 등) • 개인 휴대로 지정된 물품(메모지, 향수 등) • 객실 승무원 업무규정집, 방송문

Cleaning Coupon

기내에서 발생하는 turbulence나 승객 간의 부딪힘 또는 객실 승무원의 부주의 등으로 승객의 의복이 오염되거나 훼손되었을 경우 세탁을 위해 발급하는 쿠폰이다. cleaning coupon은 사무장만 소지할 수 있으며, 사무장은 비행을 위해 cleaning coupon을 소지하고 있어야 한다. coupon 1매에 해당하는 금액은 약 10달러이며, 의복의 오염 상태에 따라 3매까지 발급할 수 있다. 사무장은 도착지 공항에서 하기하는 시점에 지상직원에게 해당 승객을 인계하면서 발급한 cleaning coupon을 전달한다.

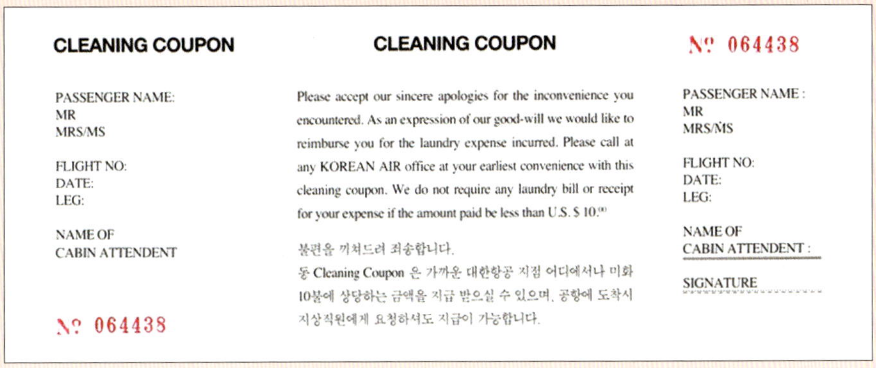

CLEANING COUPON

PASSENGER NAME:
MR
MRS/MS

FLIGHT NO:
DATE:
LEG:

NAME OF
CABIN ATTENDENT

№ 064438

CLEANING COUPON

Please accept our sincere apologies for the inconvenience you encountered. As an expression of our good-will we would like to reimburse you for the laundry expense incurred. Please call at any KOREAN AIR office at your earliest convenience with this cleaning coupon. We do not require any laundry bill or receipt for your expense if the amount paid be less than U.S. $ 10.[00]

불편을 끼쳐드려 죄송합니다.
동 Cleaning Coupon 은 가까운 대한항공 지점 어디에서나 미화 10불에 상당하는 금액을 지급 받으실 수 있으며, 공항에 도착시 지상직원에게 요청하셔도 지급이 가능합니다.

№ 064438

PASSENGER NAME :
MR
MRS/MS

FLIGHT NO:
DATE:
LEG:

NAME OF
CABIN ATTENDENT :

SIGNATURE

2) 비행 준비

용모와 복장을 점검하고 해당 노선 관련 정보를 수집하며 최신 업무 지시 및 공지사항을 확인한다. 그리고 필수 휴대품의 이상 유무를 확인한다. 승무원은 객실 브리핑에 참여하기 전에 브리핑 시트를 통해 비행에 대한 전반적인 정보를 확인한다. 브리핑 시트에는 운항 정보, 기종 정보, 각 승무원의 업무 할당(duty) 및 착석 위치, 승객 정보, 사무장 전달사항 등이 기재된다.

■ 브리핑 시트(Cabin Briefing Sheet) 예시

KE 1221 **Gate:**10 2022.03.06(SUN)

GMP ➡ CJU Jeju International Airport

STD: 09:00 **CABIN BRFG:** 07:40

STA: 10:20 **JOINT BRFG:** 08:20

FLT: 1:05

CAPTAIN: PARK JI WON(CAP)

A/C HL7233(739P) **RSVN:** C8/ Y172 (8/179)

Seat Config	IFE	IVS	PRAM	ISPS
8/179	N	N	Y	Y

DUTY Assignment **DP:** KIM DAE HAN/06

Duty	Rank	Team	Name	J/S	Duty	Rank	Team	Name	J/S
CAL	AP	101		L1					
YAL	SS	116		L2	YBL	SD	308		R2

ANN	YAL	ANN.Monitoring	YBL
Catering Seal CHK	CAL.YAL	Taser	DP.CAL

PAX INFO

KOR	JPN	CHN	PECT	MMC/MP	UM	CHLD	BSCT
160	8	19	1	5	0	3	0

■ 브리핑 시트(Cabin Briefing Sheet) 해설

❶ 운항 기본 정보

- 편명: KE 1221
- 탑승 게이트: 10번
- 구간: 김포 → 제주
- 공항명: 제주 국제 공항
- STD(Scheduled Time of Departure): 스케줄상 항공기 출발시간
- STA(Scheduled Time of Arrival): 스케줄상 항공기 도착시간
- FLT (TIME): 실제 비행시간
- CABIN BRFG: 객실 브리핑 시간
- JOINT BRFG: 합동 브리핑 시간
- CAPTAIN: 기장 이름

❷ 기종 관련 정보

- A/C: 항공기 고유 번호 및 기종
- RSVN: 승객 예약 현황(상위클래스/일반석)
- Seat Config: 좌석 배열
- IFE: 기내 엔터테인먼트 시스템
- IVS(Individual Video System): 개인용 모니터 시스템
- PRAM: 기내 사전 녹음 프로그램
- ISPS: 개인 전원공급장치

❸ 각 승무원의 Duty 및 착석 위치

- Duty: 승무원 담당구역(duty) 코드의 첫 번째 알파벳은 클래스, 두 번째 알파벳은 구역, 세 번째 알파벳은 왼쪽(L)과 오른쪽(R)을 나타낸다. 예를 들어 'CAL'은 상위클래스의 A 구역 왼쪽을 담당할 것을 의미한다.
- Rank: 직급
- Team: 소속팀(팀제로 운영되는 항공사의 경우)
- Name: 승무원 이름
- J/S(Jump Seat): 착석 위치

- ANN: 방송 담당
- ANN Monitoring: 기내 방송 상태 확인
- Catering Seal CHK: 기내 식음료 밀봉 상태 확인
- Taser: 테이저 수령 및 반납

❹ 승객 정보

- 국적: KOR(한국), JPN(일본), CHN(중국)
- PECT: 반입 동물
- MMC/MP: 상용 고객
- UM(Unaccompanied Minor): 보호자 없이 여행하는 어린이 고객
- CHLD: 어린이
- BSCT: 유아용 요람

■ 승무원의 직급체계

객실 승무원은 항공사에서 정한 기준의 승급기간이 충족되면 어학자격, 근무평가, 진급시험을 통해 승급심사를 거치게 된다. 국내 K 항공사의 직급은 아래와 같이 구성된다.

국내 K 항공사의 직급체계 예시

코드	직급	직급명	승급기간
CP	Chief Purser	수석사무장	None
SP	Senior Purser	선임사무장	4년
PS	Purser	사무장	4년
AP	Assistant Purser	부사무장	3년
SS	Stewardess	여승무원	3년
SD	Steward	남승무원	
SS	Stewardess	(인턴) 여승무원	2년
SD	Steward	(인턴) 남승무원	

Seal

객실 서비스 용품이나 식음료를 운반하기 위한 cart나 carrier on box를 봉인하기 위한 용품으로 항공사마다 모양과 색상이 상이하다. catering seal CHK를 담당한 승무원은 항공기에 탑승하여 사전에 전달받은 seal number list를 참고하여 각 기물에 실제 sealing되어 있는 각 seal의 번호와 list에 있는 seal의 번호가 일치하는지 확인한다. 국내 K 항공사의 경우 면세품과 주류에는 red seal을 사용하고 그 외 서비스 용품에는 blue seal을 사용한다.

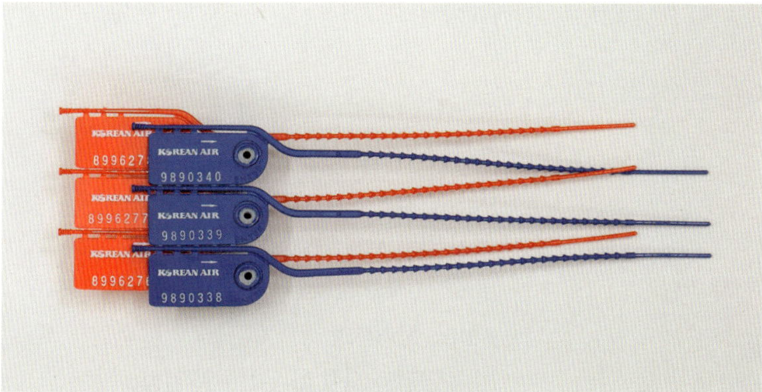

seal의 모양

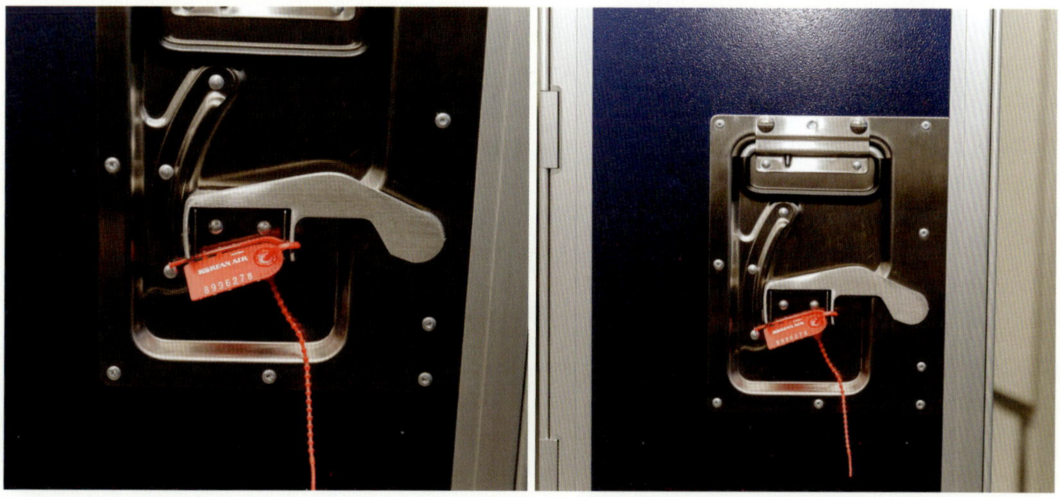

sealing한 모습

3) 객실 브리핑

객실 사무장이 주관하는 객실 브리핑(cabin briefing)은 근무의 첫 출발점이며 함께 비행할 팀원과의 첫 만남이 이루어지는 시간이다. 또한 이 시간의 활용도에 따라 해당 편 비행의 서비스 품질이 좌우되기도 하므로 그 중요성은 근무 전반에 걸쳐 상당히 높다고 할 수 있다.

전 팀원은 team power를 극대화하여 고객 감동 객실 서비스를 창출하기 위해 한정된 시간 내에 최대의 효과를 올리기 위한 전략적 사고와 자세를 겸비하여 객실 브리핑을 준비하고 임해야 한다.

객실 브리핑 내용

- stretching
- flight inform
- duty assignment
- 노선 특성에 입각한 서비스 전략 수립
- 휴대품 준비사항 확인
- 용모, 복장 점검
- 승무원 소개
- passenger inform
- 최신 업무 지시 전달 및 확인
- emergency procedure 숙지도 test
- 서비스 동기부여
- 방송 담당자 지정 및 우선순위 결정

2. 공항(Airport)에서의 업무

객실 브리핑을 마친 객실 승무원들은 셔틀버스로 국내선 공항 청사로 이동하게 된다. 객실 승무원의 항공기 탑승시간과 운항 브리핑 시간이 정해져 있으므로, 반드시 이동 시 소요시간을 고려해야 한다. 일반적으로 동일 비행 편의 승무원은 같은 셔틀버스를 이용하게 된다.

항공기의 이 · 착륙을 위해 필요한 공항의 기본시설은 대체로 활주로(runaway), 유도로(taxiway), 주기장(apron), 항공 보안시설 정도로 구분된다. 활주로는 항공기가 이 · 착륙할 때 가속이나 감속하기 위해 필요한 지상 활주용 도로의 표면이며, 유도로는 항공기가 활주로와 주기장, 정비지역을 왕복하는 데 이용되는 통로를 말한다. 주기장은 공항에서 여객의 탑승과 하기, 화물의 적재와 하역, 연료 보급과 정비 등을 하기 위해 항공기가 주기하는 장소이며, 항공 보안시설은 안전하고 질서 있는 항공기 운항을 위해 이를 지휘하고 비행 중이나 착륙과정에서 항공기를 유도해 주는 시설로 관제시설(air traffic control tower), 항공 보안 무선시설, 항공 등화시설이 있다.

항공사의 공항 업무는 승객의 좌석 탑승 수속(check-in)과 수하물 관련 업무를 주로 하는 여객 운송 업무와 catering 작업, 기내 청소, 기내 용품과 기물 관리를 담당하는 객실 관련 업무 외에도 항공기 점검, 부품 관리 및 정비 관리 점검을 하는 정비 업무, 조업사 관리와 감독 업무, 화물 운송 및 연료 관련 업무 등이 있다.

좌석 탑승 수속 창구

무인 탑승 수속기(self check-in)

1) 보안검색

승무원은 ID card를 패용하고 보안검색대를 통과한다. 보안검색은 항공기 안전운항에 저해되는 위험물품의 항공기 내 탑재를 방지하기 위해 실시하게 되며 보안검색 방법은 다음과 같다.

휴대 수하물은 x-ray machine으로 통과시켜 검색하게 되고 신체 휴대물은 gate형 금속탐지기로 통과시켜 검색한다. 청원경찰의 판단에 따라 필요할 경우 휴대용 금속탐지기 또는 촉수검색이 실시될 때도 있다.

2) 테이저 수령

테이저(taser)란 근육의 통제능력을 일시적으로 마비시키기 위해 전류를 발생시키는 데 사용되는 비살상 전기충격 총을 말한다. 공항에 도착한 테이저 담당 승무원은 항공기로 가기 전에 공항 내 지정된 안전보안실에서 테이저를 수령한다. 테이저 담당은 규정에 따라 반드시 2인 1조로 운영하고, 테이저를 수령하여 항공기에 탑승한 후에는 무기함에 넣어 이중 잠금 방식으로 보관하도록 한다. 객실 승무원은 테이저 사용 규정을 반드시 숙지하고, 매년 실시하는 정기 안전훈련에서 테이저 사용법과 사용과정을 훈련받아야 한다.

3) 운항 브리핑

운항 브리핑이란 공항으로 이동 후 운항 승무원과 객실 승무원이 함께 정해진 시간에 모여 기장 주관하에 안전에 관한 협력체제를 구축하는 시간이다. 항공사마다 브리핑 장소는 상이하나, 국내 K 항공사 국내선의 경우 항공기 최전방에서 브리핑이 실시된다. 운항 브리핑의 주요 내용으로는 비행시간, 운항노선, 기상 상태에 관한 정보와 해당 노선 특색에 따른 협력사항 확인 등이 있다.

WORKSHEET

서칭(searching) 활동을 통해 테이저(taser)건에 대해 알아보고 객실에서 테이저건을 사용한 사례가 있는지 찾아보자.

내가 활용한 콘텐츠

소요시간

테이저건이란?	
사용 사례	

멘토의 피드백

PRACTICE DIARY

김포/부산 구간 브리핑 시트를 작성해 보자.

KE: **Gate:** . . ( )

➡ Airport

STD: **CABIN BRFG:**

STA: **JOINT BRFG:**

FLT:

CAPTAIN:

A/C HL **RSVN:** C/ Y (/)

Seat Config	IFE	IVS	PRAM	ISPS

DUTY Assignment **DP:**

Duty	Rank	Team	Name	J/S	Duty	Rank	Team	Name	J/S

ANN		ANN.Monitoring	
Catering Seal CHK		Taser	

PAX INFO

KOR	JPN	CHN	PECT	MMC/MP	UM	CHLD	BSCT

CHAPTER

10

항공기 탑승 후 객실 서비스

공항에서 보안검색을 마친 객실 승무원은 해당 비행 편의 항공기가 위치한 탑승구로 이동하여 탑승하게 된다. 흔히 항공 객실 서비스를 in-flight service라고 통칭한다. 이 책에서는 in-flight service를 pre-flight check, welcome ground service, in-flight service, farewell ground service, post-flight check의 5단계로 나누어 구성해 보았다.

pre-flight check은 객실 승무원이 항공기에 탑승한 시점부터 승객이 탑승하기 전까지의 업무 내용을 말하며 개인 소지품 정리, 객실 및 시스템 점검, 객실 서비스 준비 등이 포함된다. welcome ground service는 승객 탑승 시점부터 항공기가 이륙하기 전까지를 의미한다. 신문, 잡지를 제공하며 안전운항을 위한 demonstration도 실시한다.

이륙 후 항공기가 적정한 순항고도에 이르게 되면 본격적인 in-flight service가 실시된다. 국내선 구간은 비행시간이 짧아 간단한 음료 서비스가 제공되며 그 서비스 내용과 방법은 항공사마다 다소 상이하다. 항공기가 목적지 공항에 도착하면 항공여행의 유종의 미를 거둘 수 있는 farewell ground service를 한다. 승객 하기 후 객실 승무원은 해당 비행의 완전한 마무리를 위해 post-flight check 업무를 수행하게 된다.

1. Pre-Flight Check

pre-flight check란 객실 승무원이 공항 수속을 마치고 항공기에 도착하여 승객들이 항공기에 탑승하기 전까지를 이른다. 운항 브리핑을 마친 객실 승무원은 항공기 탑승 후 각자 배정된 duty에 따라 안전 및 서비스 분야에 대한 비행 점검을 실시하고 서비스 준비를 하게 되는데, 승객의 안전한 여행과 객실 승무원의 원활한 업무 수행을 위해 정확하고 신속하게 실시해야 한다.

Pre-Flight Check	→	Welcome Ground Service	→	In-Flight Service	→	Farewell Ground Service	→	Post-Flight Check
• 개인 소지품 정리 • 비상보안 장비 및 시스템 점검 • 서비스 용품 탑재 확인 • 서비스 준비		• 독서물 서비스 • 탑승 인사 • 좌석 안내 및 휴대물 보관 안내 • 비상구 좌석 안내 • 출입문 닫기 및 안전 점검 • 탑승 환영 방송 • 안전 모의시연 • 이륙 준비		• 단편물 상영 • 음료 서비스 • 객실 순회		• 환송 안내 방송 • 안전 점검 및 출입문 개방		• 기내 점검 • 비행 후 브리핑

국내선 비행을 위한 항공기에서의 업무 절차와 내용

1) 개인 소지품 정리

객실 승무원은 항공기 탑승 후 비행용 가방(flight bag)과 hanger 등 승무원의 기내 반입 수하물을 overhead bin, coatroom, 좌석 하단으로서 전방과 통로 측 방향에 고정 장치가 설치되어 있는 공간 등 지정된 위치에 승객의 안전과 편의를 최우선으로 고려하여 안전하게 보관해야 하며, 승객 좌석 주변이나 door side 등에 방치하지 않도록 한다.

비행용 가방(flight bag)에는 승무원 tag을 부착하여 승객의 수하물과 혼동되지 않도록 한다. 비행 중 업무에 필요한 개인용품은 승무원 좌석 부근의 승

승무원의 기내 반입 수하물을 넣을 수 있는 coatroom

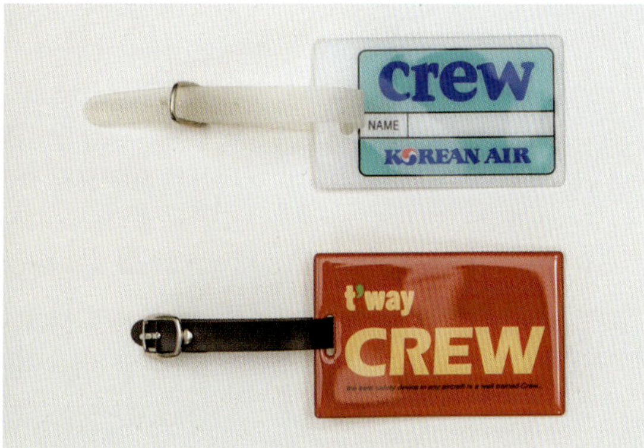

승무원의 가방에 부착하도록 지급하는 crew tag

객이 사용하지 않는 좌석 주머니(seat pocket) 또는 기내 주방(galley) 주변 보관함(compartment) 안에 보관한다. 만약 승객의 overhead bin을 사용했을 경우에는 승객 탑승 시 휴대 수하물의 보관방법을 안내해야 한다.

2) 비상장비 및 기내 설비 점검

객실 승무원은 사고를 미연에 방지하고 비상사태 발생 시 신속하게 대처하기 위해 반드시 비행 전 각자 근무를 배정받은 담당구역에서 check list에 의거하여 비행 전 비상장비와 보안장비 점검을 실시해야 하고, 그 결과를 사무장에게 보고해야 한다. 그리고 담당구역별로 지상 조업원이 실시한 기내 청소 상태(cabin, galley, lavatory area, passenger seat, seat pocket) 및 각자 담당구역의 PA(public address) 성능을 확인하고 객실 내 방송 상태를 모니터(monitor)한다. 아울러 승객 좌석, 화장실, 기내 주방(galley) 내의 설비나 시스템이 정상으로 작동하는지 이상 유무를 점검한다.

■ 항공 객실 승무원의 비상 및 보안 점검 Check List

<table>
<tr><th>구분</th><th>체크 포인트</th></tr>
<tr><td>비행 전</td><td>• show up sign
• 최근 업무 지시 및 공지사항 확인
• 비행 필수품 휴대
• door 작동 요령 숙지
• duty 확인
• 비상 처리절차 숙지
• 비상장비 위치 및 사용법
• 비상시 임무 분담 숙지
• 조종실 출입절차 숙지
• cockpit 및 cabin 간 연락방법(비상시, turbulence 발생 시)</td></tr>
<tr><td>승객 탑승 전</td><td>• 승무원 휴대품 정리
• 담당구역의 비상장비 점검
<table>
<tr><th>비상/보안장비</th><th>체크 포인트</th></tr>
<tr><td>• first aid kit
• banyan kit
• portable oxygen bottle
• fire extinguisher
• PBE
• emergency flash light
• seat belt(유아용 포함)
• megaphone
• radio beacon
• smoke detector
• 방탄담요/방탄조끼
• 비상벨</td><td>• seal 이상 유무
• gauge green색의 바늘 확인
• 산소마스크 확인
• gauge green색의 바늘 확인
• 직접 장탈
• 진공포장 여부
• signal lamp 점등 여부
• 이상 유무
• 작동 여부
• 비닐포장 상태
• 작동 여부
• 탑재 여부
• 작동 여부</td></tr>
</table>
• door slide mode 확인
• door side 및 aisle clear</td></tr>
<tr><td>승객 탑승부터 이륙 전까지</td><td>• 승객 휴대 수하물의 정위치 보관 안내
• 노약자, 환자, 유아 승객에 대한 special care
• slide mode 및 door locking 상태 확인
• overhead bin close 및 locking 상태 확인
• seat belt 착용 상태 점검
• 유동물건 고정
• 승무원 정위치 착석
• 30-second review 실시</td></tr>
</table>

이륙 후부터 착륙 전까지	• turbulence 사고 방지 유의(seat belt 상시 착용) • 기내 환자 발생 유의 • 감압 시 조치사항 숙지 • 금연구역 내에서의 흡연 제지 • 보안장비 관리 • 제한품목 보관 및 관리 • irre 발생 시 보고 • door side 및 aisle clear
착륙 후	• 항공기 완전 정지까지 승객 이동 제지 • slide mode 변경 및 수신호 • 유실물 점검 • taser 인수인계 및 보관 • 사무장의 최종 점검

승객 좌석 및 주변 점검방법

- 승객 탑승 전, 모든 좌석에 비치되어 있는 서비스 용품의 정돈 상태, 청소 상태를 확인한다.
- 좌석주머니(seat pocket) 내용물[기내 잡지 · 구토대 · 구명복 · 안전지침 카드(safety information card)]의 탑재 여부를 확인한다.
- 승객 좌석에 설치되어 있는 승무원 호출 버튼(call button), 독서등(reading light), 핸드셋(handset), 개인용 모니터의 작동 상태를 체크한다.
- 앞 좌석등받이에 장착되어 있는 식사용 테이블(tray table)의 고정 상태를 재확인한다.
- 머리받침 커버(head rest cover) 등 좌석 주변 청결 상태를 점검한다.
- 좌석 및 구명복(life vest)의 정위치 여부를 확인한다.
- 갤리 커튼(curtain), 코트룸(coatroom), 기내 통로(aisle)의 청결 상태를 확인한다.

3) 서비스 장비 및 시스템 점검

(1) 통신시스템(Communication System)

객실 승무원은 자신의 담당 서비스 구역(service zone)에 설치되어 있는 송수화기(handset)를 점검한다. 특히 사무장과 방송 담당 승무원은 기종마다 다른 방송시스템(PA: public address)의 특성과 상태를 점검하고 동료 승무원이 모니터하게 하여 방송 효과를 극대화한다. 보딩 뮤직(boarding music)을 on했을 때의 볼륨 조절 등 방송 작동 상태와 온도조절장치를 점검한다.

(2) 기내 조명시스템

사무장은 기종에 따라 승객 안전을 위해 좌석 위 선반(overhead bin) 문을 닫아 두는 경우도 있지만 대부분 열어 둠으로써 기내 조명을 단계별로 조절하여 이상 유무를 확인한다.

(3) 기내 주방(Galley) 장비

비행 전 기내 주방 내 각종 설비의 정상 작동 여부를 확인한다. 기내 주방에 각종 설비 사용설명서가 부착되어 있을 경우에는 반드시 설명서 내용을 숙지하도록 한다. 담당구역의 선임승무원은 각종 설비(equipment) 내부의 이물질 유무와 작동 여부를 확인한 다음 사용하도록 한다. 음료를 시원하게 보관할 수 있는 chiller가 장착되어 있는 기종의 경우에는 chiller의 작동 여부도 반드시 확인하도록 한다. 오작동하거나 작동하지 않을 경우 지상에서 정비사에게 상황을 알려 이륙 전에 조치를 취할 수 있도록 한다.

또한 기내 주방 내 각 수납함(compartment)의 청결 및 정돈 상태를 점검하고 커피메이커(coffee maker)나 워터보일러(water boiler)의 작동 상태를 확인한다. 커피메이커의 경우 전원 버튼을 눌렀을 때 정상 작동 light가 on되는지 확인하고, 워터보일러의 경우 전원 버튼을 눌렀을 때 녹색 light가 on되는지 확인한다. 그다음 각각 에어블리딩(air bleeding) 여부도 확인한다.

전원 버튼이 정상적으로 켜져 있는 커피메이커

전원 버튼이 정상적으로 켜져 있는 워터보일러

Air Bleeding

water boiler 작동 시 hot & cold faucet(온수와 냉수 꼭지)으로부터 정상적으로 기포 없이 물이 흘러 나올 때까지 충분히 물을 빼 주는 것이다. galley 점검 시 air bleeding을 실시한 후 전원을 켜야 한다. air bleeding이 충분하지 않은 상태에서 water boiler를 사용하면 고열에 의한 기내 화재가 발생할 우려가 있다.

4) 화장실(Lavatory) 장비

화장실이 위치한 서비스 구역의 담당 승무원은 화장실의 청결 상태 및 화장실 설비(flushing, water faucet, call button, smoke detector) 장비의 작동 여부를 확인한다. 미용티슈나 핸드타월(hand towel), 롤페이퍼(roll paper)와 같은 화장실 용품의 세팅 상태와 화장실 내 여분의 비품을 보관하는 장소에 여유분이 비치되어 있는지 확인한다. 단, 국내선에는 국제선 노선과 달리 화장실 용품을 세팅(setting)하지 않는다. 돌출 형태의 물비누 보충 상태를 확인하고 양이 부족할 경우 지상에서 보충할 수 있도록 조치한다.

화장실 내 여분 비품 보관 장소

기저귀 교환대가 장착된 화장실 내부와 물비누를 보충한 상태

기저귀 교환대는 장착 상태와 청결 여부를 확인하여 승객이 사용할 때 안전한 상태인지를 판단하고 장착 상태가 불량하거나 이물질이 있을 경우 지상에서 조치를 취할 수 있도록 한다. 모든 상태를 확인한 후에는 화장실 전용 탈취제를 분사하여 쾌적한 상태가 유지되도록 한다.

(5) 모니터(Monitor) 및 스크린(Screen)

승객 탑승 전에 상영할 프로그램을 미리 시연(DEMO)하여 음향과 화면의 상태를 점검한다. 또한 승객 좌석 위에 장착된 retractable monitor와 retractable screen 그리고 통로 측에 돌출되어 비상탈출에 지장을 주는 모니터와 스크린은 승객이 탑승하고 하기할 때와 항공기 이륙과 착륙 시 제자리로 원위치시킨다.

에어쇼(Air Show) 및 안내 방송 서비스

항공기의 항로, 고도, 외부 온도와 잔여시간 등 다양한 종류의 비행 관련 정보를 컴퓨터 그래픽 화면으로 처리하여 기내 스크린을 통해 안내해 주는 것을 말한다. 비행 중 안내 방송을 통해 운항에 관한 정보, 출발과 도착에 대한 안내를 다양한 언어로 적절하게 제공한다.

4) 기내식 용품(Catering Item) 점검

(1) 서비스 용품 탑재 확인

객실 승무원은 해당 노선의 특성, 출발시간에 따른 서비스 내용, 탑승객 수를 고려하여 서비스에 필요한 기물과 용품의 수량, 청결 상태 등을 점검한다. 일부 항공사에서는 아침 출발 항공편에서 승객들에게 아침식사 대용으로 빵을 제공하며, 어린이날이나 크리스마스 등 특별히 의미 있는 날에는 이벤트 서비스 용품을 탑재하여 승객들에게 제공하고 있다. 서비스 용품 탑재를 담당하는 직원이 carry-on box 앞면에 부착하여 인계한 '국내선 서비스 용품 탑재목록서'에 의거하여 품목의 수량과 상태를 점검, 확인한다.

국내선 객실 서비스 용품

구분	종류
기물	• pot(coffee/녹차 서비스용) • muddler box • large tray • small tray
소모품	• 음료 • cocktail napkin/cart mat • paper cup/cup lid/straw • cream & sugar • 무설탕 감미료/SVC tag • tray mat/plastic bag/방향제 • skypass 신청서 및 안내서 • 엽서/볼펜/일회용 비닐장갑 • refreshing towel/coffee pack
기타	• full cart, half cart, serving cart

(2) 서비스 준비

객실 승무원은 각자 할당받은 업무(duty)에 맞는 서비스 준비 업무를 하게 된다.

- 일반 승무원은 지상(ground)에서 서비스되는 신문과 잡지를 카트에 보기 좋게 진열하여 준비한다.

- 항공사 출입구 앞에 2대의 신문 카트를 좌 · 우측에 각각 비치하여 승객이 탑승할 때 스스로 선택하여 가져가도록 한다. 단, 주기장(remote parking)에서는 공간을 고려하여 신문 카트를 1대만 운영한다.
- 서비스용 카트(serving cart) 이용 시 신문은 제호가 보이게 배치한다. 한글 신문은 카트 상단, 영자 및 스포츠 신문은 중단에 준비한다.
- 신문은 2단으로 세팅하고 신문 안내판을 설치한다.
- 승객들이 선호하는 주요 일간지는 일부를 따로 보관했다가 나중에 탑승하는 승객들에게도 골고루 서비스되도록 한다.
- 신문이 세팅된 서비스용 카트는 항공기 bridge 접속 부분과 step car 상단에 비치한다.
- 잡지는 각 서비스 구역별로 설치된 잡지꽂이에 꽂아 비치한다.
- 최선임 여승무원은 기내 및 화장실의 청결 상태를 최종 점검한다. 승객이 탑승 시 기내의 쾌적함을 느끼도록 방향제를 기내 통로(aisle)와 화장실(lavatory)에 분사(spray)한다.
- 좌석 위 선반(overhead bin)을 열어 둠으로써 승객들로 하여금 비어 있는 좌석 위 선반을 쉽게 찾아 소지한 물건을 넣을 수 있게 한다.
- 각종 음료수는 승객 수를 감안하여 chilling을 확인하고 기타 서비스 용품을 미리 준비해 둔다.
- 모든 탑재 확인 및 준비 업무가 끝난 후 담당구역별로 이상 유무를 사무장에게 보고한다.

지상 조업과 객실 내 비행 준비가 완료되면 사무장은 다음의 업무를 수행한다.

- 기장에게 지상 조업과 객실 내 비행 준비가 완료되었음을 보고하고 기장과 협의하여 지상 직원에게 승객의 탑승 시작 시간을 알려 준다. 또한 승객 탑승의 원활한 진행을 위해 객실 승무원을 배치하고 지휘한다.
- pre-recorded announcement, 조명 조절시스템(light control system), 온도조절장치 등 패널(panel)을 점검하고 승객 탑승 전 보딩 뮤직(boarding music) 시스템을 작동시킨다.

- 에어쇼 상영을 위한 기본 데이터(출발지, 목적지, 비행시간)를 입력한다. 그리고 안전 모의시연 영상 상태를 확인한다.

2. Welcome Ground Service

welcome ground service란 승객이 항공기에 탑승하여 항공기가 이륙하기 전까지 객실 승무원이 해야 하는 업무를 말한다. 우선 승객과 첫 대면이 이루어지는 시간이니만큼 좋은 항공사 이미지를 전달할 수 있도록 승객 탑승 시 밝은 환영 인사와 더불어 정성껏 좌석 안내를 해야 한다.

이 시점에서 객실 승무원이 해야 할 업무로 서비스 업무보다는 항공기 운항 전반과 이륙을 위한 안전 업무가 더 중요하므로 안전요원으로서의 역할을 충실히 이행해야 한다. 또한 운항 관련 서류 인수나 특별 승객 응대 시 지상 운송직원과의 업무 협조에도 소홀함이 없어야 한다.

1) 보딩 뮤직(Boarding Music) On

사무장은 별도로 정해진 채널(channel)에서 선택한 보딩 뮤직의 볼륨을 볼륨 1을 기준으로 조절하고 뮤직이 기내에서 은은하게 들리도록 다시 미세하게 조절한다. 기장과 협의하에 지상직원에게 승객의 탑승 시작 시간을 통보함으로써 승객 탑승이 원활히 진행되도록 한다.

Boarding Time

국내선에서는 주기 가능시간(ground time)이 40분 이하인 경우 보딩 브리지(boarding bridge)를 이용하여 탑승한다. 승무원들의 서비스 준비가 완료된 시점에 기장과 협의한 후 승객의 탑승 시점을 운송 직원에게 알려 준다.

기종별 Pax Boarding Time

- A330-300: 항공기 출발 20분 전
- A300-600: 항공기 출발 15분 전
- B737-700: 항공기 출발 15분 전

2) 독서물 서비스(Reading Material Service)

승무원은 미리 준비된 신문 카트에서 승객 탑승 시 승객이 직접 가져갈 수 있도록 안내하고, 탑승구에 위치한 담당 승무원은 수시로 부족분을 채우고 재정돈하여 승객이 원하는 신문을 선택할 수 있도록 한다. 또한 탑승 완료 후에는 잔량의 신문을 재서비스한다. 기상 상황이나 카트 비치 여건이 좋지 못할 경우에는 센스 있고 유연하게 신문 서비스를 한다.

3) 탑승 인사

승객 탑승이 시작되면 모든 객실 승무원은 각자의 탑승 위치(boarding position)에서 친절하고 명랑하게 인사한다. 이때 가능한 한 승객 개개인에게 환영 인사를 하도록 한다. 탑승구에 위치한 승무원은 환영 인사와 더불어 탑승객 확인 및 좌석 방향 안내를 담당하고, 객실 내에 있는 승무원은 각자의 담당구역에서 좌석 안내와 함께 융통성 있게 이동하며 인사를 실시한다.

승객 탑승 시 서비스 절차에 따른 기본 대화

- "환영합니다. 어서 오십시오."
- "반갑습니다. 제주까지 가는 대한항공 1121편입니다."
  ☞ 국제선과 달리 국내선은 동일 구간 편수가 많기 때문에 편명을 안내하는 것이 바람직하다.
- "안녕하십니까? 탑승권 확인하겠습니다. 건너편 오른쪽으로 가시면 됩니다."
- "부산까지 모시겠습니다. 탑승권 부탁드립니다. 이쪽으로 모시겠습니다."

4) 좌석 안내 및 휴대물 보관 안내

탑승구에 위치한 객실 승무원은 환영 인사와 함께 탑승권을 확인하여 좌석의 방향을 정확하게 제시하고 'L' side와 'R' side를 구분하여 안내한다. 객실 내에 위치한 승무원은 담당구역에서 원활한 승객 탑승 진행을 위해 이동하면서 적극적으로 안내를 실시하고 특히 노약자, 환자, 어린이, 유아 동반 승객에게는 주의를 기울인다. 또한 좌석 안내 후 승객에게 휴대 수하물 정리 및 보관 요령, 전자기기 사용 규정을 안내한다.

좌석 중복(double seat)과 같은 비정상상황이 발생했을 때에는 사무장에게 즉각적인 보고가 이루어져 신속한 조치가 이루어지도록 한다. 기내에 반입한 수하물은 좌석 위 선반(overhead bin) 또는 좌석 밑에 보관하도록 안내하며 승객 안전에 유의한다. 오버헤드 빈에 보관 시에는 물품이 오버헤드 빈을 열었을 때 떨어지지 않도록 하고 좌석 밑에 보관하는 물품은 통로를 가로막지 않도록 안내한다. 만일 오버헤드 빈이나 좌석 밑에 보관할 수 없는 수하물이 불가피하게 반입된 경우, 기내 보관 수납함(storage compartment) 또는 빈 좌석에 고정한 상태로 보관한다.

좌석 안내 및 휴대물 보관 안내 시 서비스 절차에 따른 기본 대화

- "좌석을 안내해 드리겠습니다. 들고 계신 짐은 제가 도와드리겠습니다."
- "손님 좌석은 이쪽입니다. 가지고 오신 짐은 선반 위에 넣어 드리겠습니다. 안에 깨지는 물건이 있습니까?"
- (깨지기 쉬운 물건의 경우) "이 짐은 선반 위에 넣으시면 이착륙 시나 항공기가 갑자기 흔들릴 경우 깨질 위험이 있습니다. 좌석 앞 하단에 보관하시는 것은 어떠십니까?"
- "가지고 계신 짐이 부피가 커서 항공기 앞쪽 보관 장소에 넣어 드리겠습니다. 보관 상태를 직접 확인하시기 위해 함께 이동해 주시겠습니까? 하기하실 때 앞쪽에 꺼내 놓겠습니다."
- "좌석 위 선반에 짐을 보관할 공간이 부족하여 하기하실 때 편하시도록 앞쪽 좌석 ○○번 A에 넣어 두었습니다. 확인해 주시겠습니까?"

(1) 좌석 중복 승객 조치

- 승객의 이름, 좌석번호를 확인한다.
- 좌석 중복 배정으로 확인되면 정중히 사과한다.
- 나중에 탑승한 승객에게 jump seat에서 기다리도록 권유한다.
- 객실 사무장에게 보고한다.
- 객실 사무장은 지상 직원에게 좌석 재배정을 요청한다.
- 좌석에 여유가 있는 경우 나중에 탑승한 승객을 선호하는 좌석으로 재배

정한다.

- 담당 승무원은 재배정한 좌석으로 승객을 안내한다.

(2) 기내 위탁품 처리

- 코트, 재킷, hanger 등은 보관 시 tag을 이용하고 보관 장소를 승객에게 알려 준다.
- 부피가 큰 물건은 coatroom 등 적당한 장소에 보관한다.
- 모든 위탁품은 승객 하기 시 승객에게 되돌려 준다.
- 고가의 귀중 물품의 보관을 부탁받았을 경우에는 동료 승무원에게 알려주고 하기 시 물품이 반드시 반환되도록 유의한다.
- 승무원 교대 시에는 보관 물건을 승객에게 일단 돌려 드리고 다음 교대 승무원에게 다시 맡기도록 한다.

(3) 초과 휴대 수하물 처리

- 승객 탑승 중 초과 휴대물 발견 시 승객의 최종 목적지까지 일반 화물로 보내도록 조치한다.
- 현금, 유가 증권 등 중요 서류는 승객이 수하물에서 꺼내 직접 소지하도록 한다.
- 깨지기 쉬운 물건은 승객의 서명을 받은 후 'fragile item tag'을 부착하도록 한다.

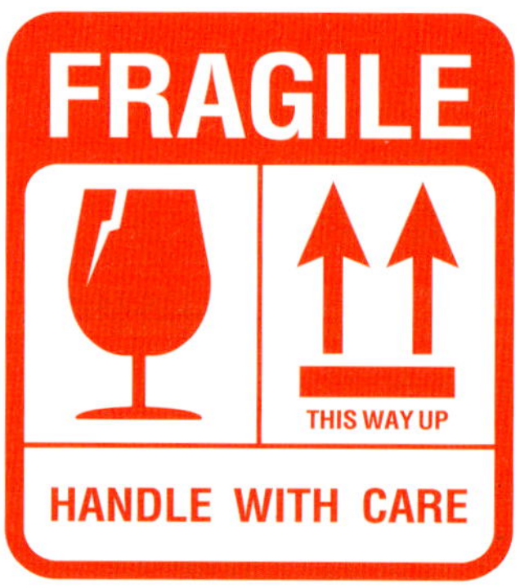

fragile item tag

5) 비상구 좌석(Exit Seat) 안내

비상구 좌석에 착석한 승객들이 비상시에 승무원의 업무를 도울 수 있도록 승객들이 비상시 취해야 할 임무에 대해 다음과 같은 간단한 브리핑(briefing)을 실시한다. 만약 신체적인 장애로 임무를 수행하기 어려운 승객이거나 15세 미만의 소아를 동반한 승객과 같이 임무 수행에 부적합한 승객이 배치되었을 경우 반드시 사무장에게 보고하고 좌석을 재배치해야 한다.

Exit Seat 착석 승객 임무

• 비상구 확인 및 개방 • 비상구 외부 상황 파악 • 승무원의 구두 또는 수신호에 따름	• 비상구 주변 장애물 제거 • 슬라이드 팽창 확인 및 안정 유지 • 안전한 비상 통로로 신속히 탈출

Exit Seat 안내 시 서비스 절차에 따른 기본 대화

- "손님, 실례하겠습니다. 지금 앉아계신 좌석은 비상구 좌석입니다."
- "비상구 좌석 착석 승객은 비상시 승무원의 업무에 협조해 주셔야 합니다."
- "동의하십니까? 감사합니다. 비상탈출 시 저희와 함께 다른 승객의 탈출을 도와주셔야 합니다. 자세한 내용은 이 안전지침 카드를 참고해 주시기 바랍니다."
  ☞ 동의하지 않는 경우 이석 조치를 취해야 한다.

6) 탑승구 닫기(Door Close) 및 안전 확인(Safety Check)

승객 탑승이 거의 종료되면 모든 객실 승무원은 항공기 출발을 위한 준비에 임해야 한다. 담당구역별로 전 승객의 착석과 수하물 보관 정돈 상태 등을 마무리해야 한다. 지상 직원으로부터 ship pouch를 인수하고 그 내용을 확인한 후 weight & balance 관련 서류가 기장에게 전달되었는지 확인하고 객실 사무장은 탑승 종료 상황을 최종적으로 점검한 후 탑승 승객 수, 특이사항 등을 기장에게 보고한 후 항공기 door close를 한다.

door close 후 사무장의 지시에 따라 전 객실 승무원은 안전 확인(safety check)을 실시한다. safety check은 항공 안전과 비상시 신속한 대처를 위한 조치로 door close 후 boarding bridge 또는 trap이 항공기와 분리된 직후 사무장의 방송에 따라 동시에 실시된다.

전 승무원은 해당 구역의 안전운항 관련 사항을 점검하고 해당 door의 slide mode를 변경한다. 방법은 항공기 출발시점에는 manual에서 'automatic' 위치로 변경하고 항공기 도착 시에는 automatic에서 'manual'로 변경한다. slide mode 변경 후 L side, R side 승무원이 상호 점검하고 아래 사항을 점검한 다음 객실 사무장에게 최종 보고한다.

- 좌석벨트 착용 상태 확인
- 탑승구 개폐 여부 및 slide mode의 변경 상태 확인
- 좌석등받이, table 및 armrest의 원위치 여부 확인
- 승객 휴대 수하물 및 기타 유동물질 고정 상태 확인

만약 door close 후 다시 open해야 하는 경우에는 기장에게 연락하고 slide mode를 확인한 후, 지상직원에게 사인(sign)을 주어 항공기 외부에서 지상직원이 직접 탑승구를 열도록 한다. 외부에서 지상직원이 탑승구를 여는 것이 불가능한 소형 기종일 경우에는 사무장이 항공기 내에서 직접 열도록 한다.

Ship Pouch 및 SHR

Ship Pouch

기내에 승객의 탑승이 완료되고 지상 서비스가 마무리되면 사무장은 지상직원으로부터 여객 및 화물 운송 관련 서류, flight coupon, SSR 등을 인수한다. 이러한 내용물이 담긴 가방을 ship pouch라 한다.

SHR(Special Handling Request)

승객에 관한 정보가 기재된 서류이며 승객의 인적 사항, 특별한 서비스 요구사항, VIP(very important person), CIP(commercially important person), UM(unaccompanied minor), TWOV(transit without visa), 환자, 단체 등의 정보를 표기한 명단(list)이다.

7) Welcome Announcement

객실 승무원이 실시하는 기내 방송은 승객을 효율적으로 통제하여 비행기 여행으로부터 승객의 안락함과 안전함을 보장하기 위해 실시한다. 객실 승무원은 기내 서비스 내용, 기내 시설 이용방법, 목적지에 대한 필요한 정보를 안내함으로써 승객이 가진 항공여행의 불안감과 비행 상황에 대한 궁금증을 해소해 주어야 한다.

그러므로 비행 상황과 여건에 따라 사무장의 신속한 판단 아래 정확하고 적절한 방송을 실시해야 한다. 방송자격을 갖춘 방송 담당 승무원은 방송능력을 향상하기 위해 노력해야 한다. welcome 방송을 실시하는 동안 객실 승무원 전원은 담당 서비스 구역에서 승객들을 향해 정중한 인사를 하고 항공여행 동안 담당 서비스 승무원임을 알리도록 한다.

■ 기내 방송 요령

- 방송문을 유창하게 읽을 수 있도록 평소에 많은 노력을 기울인다.
- 방송 현장에서는 밝은 미소를 띠고 방송하며, 밝고 경쾌한 목소리톤을 유지한다.
- 적당한 끊어 읽기(pause)를 유지하며 똑같은 억양이 반복되지 않도록 변화를 준다.
- 공연히 멋을 부리는 습관이 붙지 않도록 주의한다.
- 외국어는 차분히 또박또박 발음하여 의미가 쉽게 전달되도록 노력한다.
- 여유 있고 친근감 있는 방송이 되도록 매 방송 시 최선을 다한다.
- 방송내용을 충분히 이해하고 내용에 따라 느낌을 부여한다.

8) 안전 모의시연(Safety Demonstration)

환영 방송(welcome announcement) 이후, 비행 중 발생할 수 있는 비상사태에 대비하여 비상용 구명장비의 사용법과 위치를 승객들에게 모의시연(demonstration)하는 것을 말한다. 항공기에 장착된 비디오 시스템(video system)을 이용하여 상영한다.

© Akimov Igor/Shutterstock.com

비디오 시스템이 장착되지 않은 기종에서는 사무장의 육성 방송에 의해 안전 모의시연을 실시한다. 객실 승무원은 지정된 위치에서 절도 있는 동작으로 safety demonstration의 내용이 정확히 전달되도록 키워드(key word)에 맞춰 통일된 동작으로 직접 시범을 보인다. 기내 safety demonstration은 항공사의 의무사항이며, 시연이 끝나면 승무원들은 서비스 담당구역별로 승객들의 좌석벨트 착용 여부를 확인해야 한다.

■ 안전 모의시연(Safety Demonstration) 내용

- 비상등 및 비상 탈출구 위치를 알린다.
- 산소마스크의 위치 및 사용법을 설명한다.
- 구명복의 위치 및 사용법을 보여 준다.
- 좌석벨트 사용법을 설명한다.

9) 이륙(Take-Off)을 위한 기내 점검

이륙을 위한 최종 기내 점검사항으로 객실 승무원은 서비스 담당구역별로 비

행 안전과 관련된 제반사항을 철저히 확인, 점검해야 한다. 기내 조명을 'dim' 상태로 조절한 후 객실 승무원도 지정된 좌석에 착석한다. 좌석벨트와 어깨 안전벨트(shoulder harness)를 착용해야 한다.

■ 이륙을 위한 기내 승무원의 기내 점검사항

- 승객의 착석, 좌석벨트, 좌석등받이 상태 여부
- 기내식 테이블(tray table), 좌석 팔걸이(armrest)의 원위치 상태
- 비상구(door side), 기내 통로의 정돈(aisle clear) 상태
- 승객 휴대 수하물과 유동물건의 고정 여부
- 화장실 점검 및 승객의 유무 확인
- 기내 주방(galley) 내의 탑재물과 유동물 고정, 안전 상태 점검
- 기내 조명 조절(dim: 어두운 상태)
- 전자제품 사용 안내 및 확인

3. In-Flight Service

in-flight service란 항공기가 이륙하여 적정 고도에 이르러 좌석벨트 사인이 꺼진 시점부터 목적지 도착을 위해 좌석벨트 사인이 켜지는 시점까지의 객실 승무원의 비행 중 업무를 말한다. 국내선 구간에서는 음료 서비스를 제공하게 된다.

1) 음료 서비스 (Complementary Service & Beverage Service)

승무원은 이륙 후 각종 soft drink, coffee, 녹차, 물 등 서비스 용품(service item)을 카트로 서비스한다. 또한 조조편에서는 간식과 우유를 추가하여 승객에게 제공한다. 음료 카트 준비 시에는 카트 1대당 승무원 1명 혹은 2명이 담당하고, 나머지 승무원은 통로(aisle)에서 신문 보충(refill) 및 승객 응대 등을 수행하여 객실 내 승무원의 공백 현상을 방지한다. 음료 서비스 시에는 항상

바른 자세로 승객의 눈을 마주 보고 응대해야 하며, 정중한 존대법을 사용하여 절도 있고 성의 있는 서비스가 이루어지도록 해야 한다.

■ 서비스 준비

- 커피를 brew한 뒤 농도를 확인한다.
- 서비스할 때 커피와 녹차 서비스용 물은 반드시 뜨거운 상태로, 콜라 · 오렌지주스 · 토마토주스 · 냉녹차 · 생수는 차가운 상태로 준비한다.
- 커피와 녹차 서비스용 물이 담긴 pot의 청결 상태를 확인한다.
- drawer에 서비스할 음료와 음료 서비스에 부수적으로 필요한 용품을 세팅한다. 카트 내부에는 여분의 음료를 준비한다. 아침 비행 편일 경우, 모닝빵이 준비되면 중단에 세팅한다.
- 주스는 서비스하기 전에 잘 흔들어 가라앉은 침전물이 없도록 하여 제공 시 주스 농도가 동일하도록 하고 탄산음료는 미리 open하지 않도록 주의한다.
- 음료와 외부의 온도 차이로 pet 병의 표면에 생긴 물기는 반드시 닦아서 서비스할 때 미끄러지지 않도록 한다.
- 제공되는 음료의 상호가 승객의 정면에서 바로 보이도록 세팅한다.
- 어린이 승객에게 제공하는 빨대과 컵 뚜껑은 따로 안쪽에 준비한다.

Muddler Box의 내용물

- 설탕과 커피용 크림
- 티백(tea bag)
- 컵 뚜껑(cup lid)
- 서비스에 필요한 스티커(service tag)

(1) 국내선 음료 서비스 카트 세팅에 필요한 서비스 용품

■ 상단

칵테일 냅킨(cocktail napkin)/커피포트(coffee pot)/뜨거운 물(hot water, tea pot)/종이컵(paper cup)/머들러 박스(muddler box)/각종 주스 및 음료수/생수(mineral water)

■ 내부

여분의 음료수, 트레이(large tray)

© Myung Hye Ree

(2) 음료 서비스 방법

객실 사무장은 음료 서비스 직전에 기내 조명(light)을 '가장 밝게(full bright)' 조절한다. 단, 야간 비행에서나 취침 승객이 많을 경우에는 음료 서비스에 지장이 없는 범위 내에서 사무장이 기내 조명을 적절히 조절한다. 그 밖에 음료 서비스 시 유의할 사항은 다음과 같다.

- 항상 밝은 표정과 명랑한 태도로 음료를 제공한다.
- 서비스 전 반드시 승객의 트레이 테이블(tray table)을 편 후, 칵테일 냅킨을 깔아 드리고 음료를 제공한다.
- 생수, 콜라, 오렌지주스 등 음료는 반드시 차가운 상태로 제공한다.

- 커피를 주문받았을 경우 설탕, 크림의 사용 여부를 확인한 후 서비스한다. 차를 서비스할 경우에는 승객이 사용한 티백(tea bag)을 담을 용기를 별도로 드린다.
- 뜨거운 음료를 제공할 때에는 반드시 승객에게 주의를 환기하며 서비스하도록 한다.
- 승객에게 음료를 쏟은 경우 먼저 사과와 함께 필요한 조치를 한 후, 필요할 때에는 사무장에게 보고하여 클리닝 쿠폰(cleaning coupon) 발급 등의 후속 조치를 하도록 한다.
- 취침 승객이나 이석 승객에게는 나중에 서비스를 받을 수 있도록 승객이 볼 수 있는 앞 좌석등받이(seat back)에 서비스 스티커(service tag)를 부착한다. approaching sign이 on 되면 음료 서비스에 대한 승객 의향을 재차 확인한 후, seat back에 붙였던 service tag을 제거한다.
- 1회 음료 서비스가 끝나면 refill 서비스를 실시한다.
- 서비스된 용품과 사용한 컵은 철저히 회수하여 기내 청결을 유지하고 승객 편의를 도모한다.

음료 서비스 시 서비스 절차에 따른 기본 대화

- "음료 드리겠습니다. 음료에는 주스와 물, 탄산음료, 커피와 녹차가 있습니다. 어떤 것으로 드시겠습니까?"
- "탄산음료에는 콜라와 스프라이트가 있습니다. 어떤 것으로 드시겠습니까?"
- "커피에 설탕이나 크림이 필요하십니까?"
- "녹차 티백과 물을 드리겠습니다. 물이 많이 뜨겁습니다. 조심히 드십시오."
- "주류는 준비되어 있지 않습니다. 다른 음료는 어떠십니까?"

2) 기내 순회(Walk Around)

음료 서비스 직후에는 승객 좌석주머니(seat pocket) 안의 사용한 컵을 반드시 회수하고 승객 좌석 주변과 기내 주방(galley), 화장실(lavatory) 등의 청결 상태를 유지한다. 신문을 서비스하지 못한 승객에게는 반드시 승객의 의향을 물어본 후, 다른 승객이 이미 읽은 신문을 권해 드린다. 또한 다른 독서물을 읽고 있는 승객에게는 기내 조명을 감안하여 독서등을 켜 드린다.

기내 통로를 지나갈 때에는 승객과 부딪치지 않도록 유의한다. 기내 통로에서 승객과 마주칠 때에는 가볍게 미소를 짓고 승객이 먼저 지나갈 수 있도록 옆으로 비켜선다. 어린이, 노약자에게는 불편한 사항이 있는지 수시로 확인하고 몸이 불편하거나 도움이 필요한 운송제한 승객에게는 지속적인 관심을 가지고 세심한 서비스를 실시한다.

3) 착륙 준비

착륙 전 객실 서비스란 항공기 착륙을 위해 객실 승무원에 의해 실시되는 승객 안전 점검을 말한다. 국내선 구간의 착륙 전 객실 서비스는 국제선의 착륙 전 객실 서비스와 동일하다. 일반적으로 기장의 착륙 안내 방송 직후 approaching signal과 함께 승객의 안전을 위한 기내 점검을 실시한다. 방송 담당 객실 승무원의 착륙 안내 방송에 따라 모든 승무원은 서비스 담당구역의 기내 통로(aisle), 화장실 등 기내 정리정돈을 한다.

(1) 기내 통로(Aisle) 점검

- 승객 좌석벨트 착용 유무 및 벨트 상태를 확인한다.
- 좌석등받이, 테이블(table), 팔걸이(armrest)의 원위치를 확인한다.
- 좌석 위 선반(overhead bin)의 잠금(locking) 상태를 재확인하고 유동물질의 고정 여부를 확인한다.
- 비상구(door side) 및 기내 통로(aisle)의 청결 상태를 확인한다.
- 유아바구니(baby basinet) 등 서비스 용품을 회수하고 정리정돈을 한다.
- 보관 의뢰 물품을 반환한다.

(2) 기내 주방(Galley) 점검

- 기내 주방을 점검할 때에는 각 수납함(compartment)의 잠금(locking) 상태를 확인한다.
- 서비스용 카트(serving cart) 및 서비스 탑재 물품을 고정한다.

(3) 화장실(Lavatory) 점검

- 클래스별 화장실 담당자는 지상에서부터 승객 하기 시까지 화장실 청결 및 정리정돈을 한다. 항상 최초 준비 상태와 동일한 수준으로 유지되도록 관리한다.
- 화장실 내 승객 유무를 확인한다.
- 이 · 착륙 시에는 화장실 내 각종 수납함(compartment)의 닫힘 상태를 확인하고 변기 뚜껑을 덮는다.

© Kaarthikeyan.SM/Shutterstock.com

4) Landing Sign On

방송 담당자에 의한 착륙(landing) 안내 방송이 나오면 객실 사무장은 착륙을 위한 최종 기내 안전 점검을 수행하고 모든 객실 승무원은 승무원 지정 좌석(jump seat)에 착석하여 30-second review를 실시한다. 이때 객실 사무장은 기내 조명을 밝음(full bright)에서 외부 밝기에 맞게 '어두운(dim)' 상태로 조절한다.

4. Farewell Ground Service

farewell ground service란 항공기가 목적지 공항에 안전하게 착륙하여 승객이 하기할 공항터미널까지 이동하는 동안 객실 승무원이 수행하는 근무를 일컫는다.

1) Taxiing 중 안전 업무

착륙 후 항공기 엔진의 역회전이 끝나면 방송 담당 승무원이 farewell 방송을 실시한다. 승객 하기 안내 방송이 끝나면, 사무장은 보딩 뮤직(boarding music)을 작동시킨다. taxiing 중에는 좌석벨트 착용 사인(fasten seat belt sign)이 꺼질 때까지 승객 착석 요청 방송을 실시하고 객실 승무원은 모든 승객의 착석을 유지시킴과 동시에 각자의 승무원 좌석(jump seat)에 착석해야 한다.

2) Farewell Announcement

방송 담당자는 착륙 후 엔진의 역회전이 끝난 시점에 farewell announcement를 실시한다. 이때 사무장은 배경 음악을 켠다. 또한 방송 담당자는 승객들이 다시 자사를 이용할 수 있도록 성심껏 감사의 말씀을 전해야 하며 항공기가 정시에 도착하지 못한 경우에는 상황에 맞는 사과 방송을 해야 한다.

3) 안전 확인(Safety Check) 및 탑승구 열기(Door Open)

항공기가 완전히 정지한 후 객실 사무장의 지시에 따라 안전 확인(safety check)을 실시한다. slide mode는 이륙 시와 반대로 automatic 위치에서 'manual' 위치로 변경하며 safety check 보고방법은 이륙 시와 동일하다. 사무장은 slide mode의 manual 위치 여부, door 외부의 장애물 유무, 좌석벨트 착용 사인(fasten seat belt sign) off 상태를 확인하고 door open을 위해 지상직원에게 신호를 보낸다.

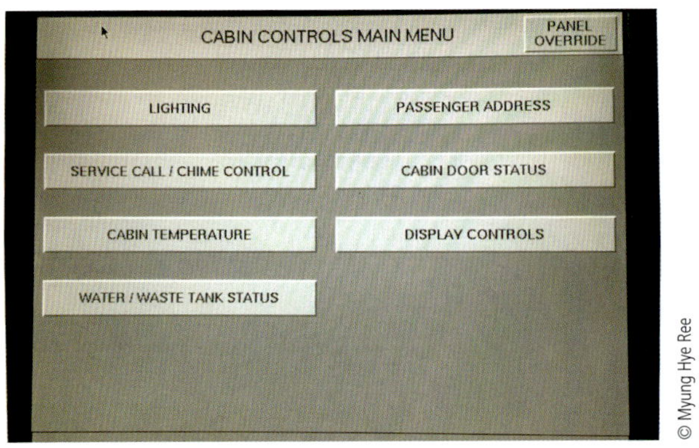

항공기 door의 slide mode를 확인할 수 있는 panel

4) 승객 하기

승객이 하기할 때 객실 승무원은 이용해 주신 승객들에게 감사를 드리는 하기 인사(farewell)를 한다. 자신이 착석했던 jump seat 주변에서 인사를 하며 도움이 필요한 성인 비동반 소아(UM: unaccompanied minor), 장애인 승객, 유아 동반 승객, 노약자 승객은 하기 인사와 함께 승객의 짐을 적극적으로 들어준다.

■ 승객 하기 순서(항공사에서 규정하는 일반적인 순서)

- 응급환자
- VIP(very important person)
- CIP(commercially important person)
- 일등석 승객(first class)
- 이등석 승객(business class)
- 성인 비동반 소아(UM: unaccompanied minor)
- 특별 관리 승객(special care passenger)
- 일반석 승객(economy class)
- 운송제한 승객, stretcher 승객

5. Post-Flight Check

post-flight check란 항공기가 목적지 공항의 터미널에 도착하여 승객이 전원 하기한 후의 근무 내용으로, 승무원이 비행 업무를 마감하는 항공기에서의 기내 점검 업무와 항공기 하기 후 업무로 나누어진다.

1) 객실 점검

객실 승무원은 승객들의 전원 하기 여부를 확인한 후, 서비스 담당구역을 꼼꼼하게 점검한다. 이때 점검해야 할 사항은 다음과 같다.

- 기내 잔류 승객 확인
- 좌석주머니(seat pocket), 좌석 위 선반(overhead bin), 코트룸(coatroom)의 유실물 여부 확인
- 슬라이드 모드(slide mode) 정상위치 여부 재확인
- 기내 주방(galley) 및 화장실(lavatory) 최종 확인

객실 사무장은 비행 중 기내 설비에 이상이 발생했을 경우 객실정비일지(CDL: 비행 중 발생한 기내 고장이나 작동 불량 사항을 기록하는 일지)에 결함 내용과 위치를 구체적으로 기록하고 white copy를 절취하여 기장에게 전달한다. 이때 객실 승무원은 지상직원과 인수인계가 필요한 서비스 용품을 인계한다.

객실 점검 중 유실물이 발견되었을 때에는 유실물을 발견한 좌석의 번호와 위치, 물품명 등을 사무장에게 보고하고, 비행 종료 후 브리핑 실시 후에 공항 안에 위치한 유실물 보관 카운터에 습득물 신고서를 작성한 후 인계하도록 한다.

■ 습득물 인수인계서 예시

습득물 인수인계서

관리번호 REF NBR				
습득일 FOUND DATE	20　년　월　일　시　분 (YY/MM/DD/TIME)			
습득장소 FOUND AREA	FLT NBR:　　S/N AREA			
습득물 FOUND ITEM	품명 ITEM		수량 QUANTITY	
	주요 내용품 CONTENTS			
습득자 FINDER	소속 COMPANY		부서 DEPT	
	연락처 TEL		성명 NAME	(서명) SIGNATURE
인수자 DUTY	소속 COMPANY		부서 DEPT	
	연락처 TEL		성명 NAME	(서명) SIGNATURE
세관/관계기간 CUSTOM/ RELATED DEPT	소속 COMPANY		부서 DEPT	
	연락처 TEL		성명 NAME	(서명) SIGNATURE
처리내역 RESULT	고객인도(폐기)　년　월　일　담당자: 이관기관　년　월　일　담당자:			
	DETAIL　DATE　AGENT:			
부서장확인 MANAGER	직위: POSITION	성명 NAME	(서명) SIGNATURE	

2) 비행 종료 후 브리핑(De-Briefing)

객실 승무원은 항공기에서 하기한 후, 지정된 장소에서 비행 중 특이사항을 객실 사무장에게 보고한다. 필요 시 업무 개선에 관한 리포트(cabin report)를 작성한다. 성공적으로 비행 근무를 마친 객실 승무원은 공항에서 퇴근을 하게 된다.

■ 항공 객실 승무원의 업무 절차

■ 기종별 국내선 객실 서비스 Flow 예시

B747-400

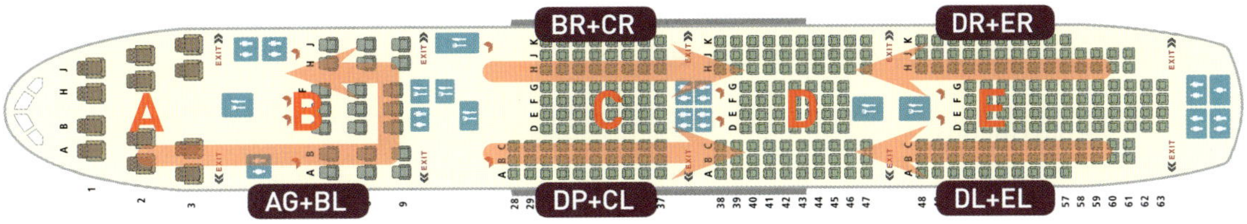

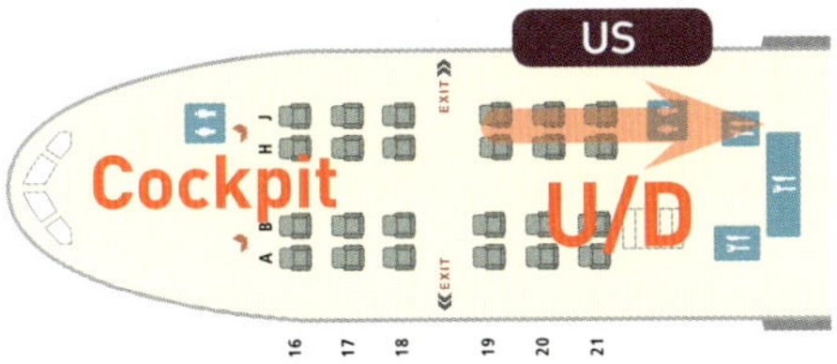

A330-300/200, A300-600

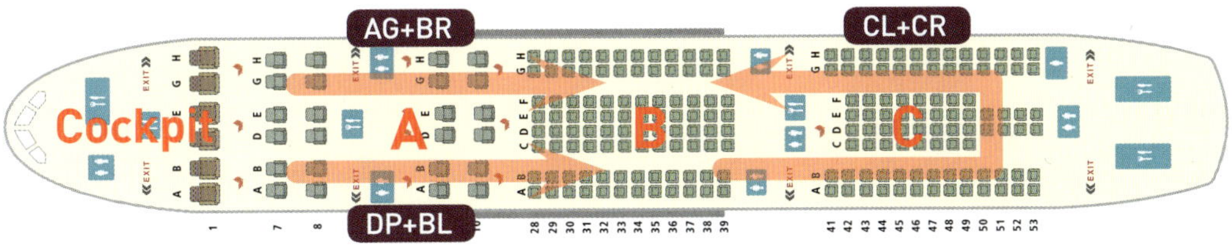

B737-900/800

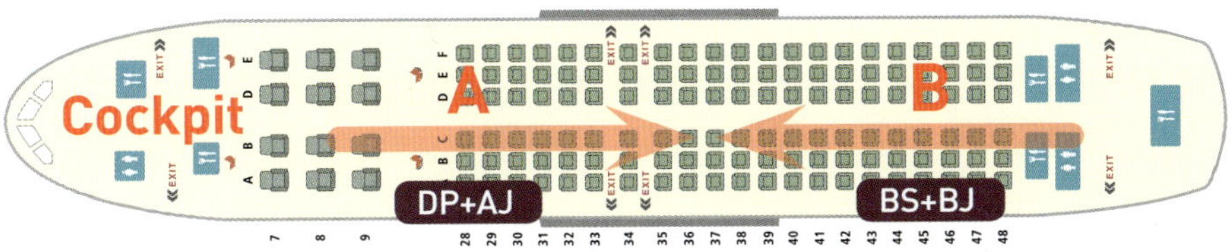

WORKSHEET 1

국내선 업무 절차와 세부사항을 정리해 보자.

회사에서의 업무	세부사항

멘토의 피드백

WORKSHEET 2

국내선 업무 절차와 세부사항을 정리해 보자.

공항에서의 업무	세부사항

멘토의 피드백

WORKSHEET 3

국내선 업무 절차와 세부사항을 정리해 보자.

항공기에서의 업무 Pre-Flight Check	세부사항

멘토의 피드백

WORKSHEET 4

국내선 업무 절차와 세부사항을 정리해 보자.

항공기에서의 업무 Welcome Ground Service	세부사항

멘토의 피드백

WORKSHEET 5

국내선 업무 절차와 세부사항을 정리해 보자.

항공기에서의 업무 In-Flight Service	세부사항

멘토의 피드백

WORKSHEET 6

국내선 업무 절차와 세부사항을 정리해 보자.

항공기에서의 업무 Farewell Ground Service	세부사항

멘토의 피드백

WORKSHEET 7

국내선 업무 절차와 세부사항을 정리해 보자.

항공기에서의 업무 After-Flight Check	세부사항

멘토의 피드백

PRACTICE DIARY 1

실습회차

동영상을 참고하여 국내선 업무 절차를 실습해 보자.

실습일 | 실습시간

실습한 부분	내가 잘한 부분과 아쉬운 부분

멘토의 피드백

다음 실습 시 집중공략

PRACTICE DIARY 2

실습회차

동영상을 참고하여 국내선 업무 절차를 실습해 보자.

실습일　　　실습시간

실습한 부분	내가 잘한 부분과 아쉬운 부분

멘토의 피드백

다음 실습 시 집중공략

PRACTICE DIARY 3

실습회차

동영상을 참고하여 국내선 업무 절차를 실습해 보자.

실습일 | 실습시간

실습한 부분	내가 잘한 부분과 아쉬운 부분

멘토의 피드백

다음 실습 시 집중공략

PRACTICE DIARY 4

실습회차

동영상을 참고하여 국내선 업무 절차를 실습해 보자.

실습일　　　　실습시간

실습한 부분	내가 잘한 부분과 아쉬운 부분

멘토의 피드백

다음 실습 시 집중공략

PRACTICE DIARY 5

실습회차

동영상을 참고하여 국내선 업무 절차를 실습해 보자.

실습일   실습시간

실습한 부분	내가 잘한 부분과 아쉬운 부분

멘토의 피드백

다음 실습 시 집중공략

FILMING A VIDEO

실습한 내용을 토대로 국내선 비행 동영상을 제작해 보자.

날짜 　　　　　 참여자

국내선 비행에 필요한 물품	
익숙했던 점	
아쉬웠던 점	
향후 계획	

멘토의 피드백

부록

1. 객실 용어

기물 기내에서 사용하는 각종 용기 혹은 서비스용 도구로서 일회용의 소모품이 아니고 재사용이 가능한 품목을 말한다.

모기지 객실 승무원이 거주하는 지역을 말하며 내국인 승무원의 경우에는 별도의 규정이 없는 한 서울을 의미한다.

지상운송시간 휴식장소와 공항 내에 있는 시설을 이용하는 시간을 말하며 근무시간이나 휴식시간에 포함되지 않는다.

Air Show 비행 중 승객들에게 해당 비행에 관련된 각종 정보를 안내하는 시스템을 말한다. 비행속도, 고도, 현재 위치, 목적지까지의 거리와 남은 시간, 현지시각, 외부 온도 등의 정보를 기내 스크린을 통해 제공한다.

Baby Bassinet 항공여행 중 유아가 누워서 쉴 수 있는 요람을 말한다. 기내의 벽에 고정할 수 있는 부착형(fitting type)으로 되어 있다. fitting type의 허용중량은 몸무게 11kg 미만, 신장 75cm 미만(통상 6개월 미만 유아)이다.

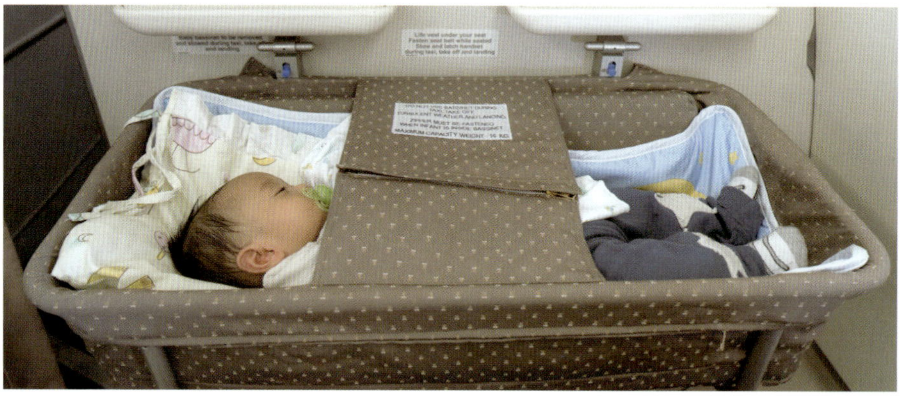

Bar 비행 중 간단한 주류, 음료를 세팅하여 승객들이 self service로 이용할 수 있도록 설치한 선반을 말한다.

Boarding Music 승객 탑승 또는 하기 시에 항공사 기내에 장착된 loud speaker를 통해 제공되는 기내 음악을 말한다. 분기별로 상이한 음악을 제공하며, 설날이나 크리스마스와 같은 기념일에는 특별 기내 음악을 제공한다.

Bulk Loading 항공기에 탑재되는 모든 기용품은 일정한 탑재 용기를 이용하여 항공기에 적재해야 하나, 기내 설비 구조상 또는 탑재 공간이 부족할 때 부득이하게 box 단위로 항공사에 적재하는 행위를 말한다.

Bunk 운항 승무원과 객실 승무원이 장거리 비행 중 교대로 휴식을 취할 수 있는 침대형(bed type)의 휴식 설비를 말한다.

© Jordan Tan/Shutterstock.com

Cabin Briefing 객실 승무원이 비행 근무를 하기 전에 비행 근무에 필요한 사항을 점검하고, 회사로부터 해당 flight에 필요한 지시를 전달받기 위해 가지는 간단한 모임을 말한다(반면에 합동 브리핑은 운항 승무원과 객실 승무원이 함께 참석).

Carrier Box 기내 물품 운반 용구로 휴대해 이동할 수 있도록 box 형태로 제작된다. 통상 알루미늄 재질로 제작된다.

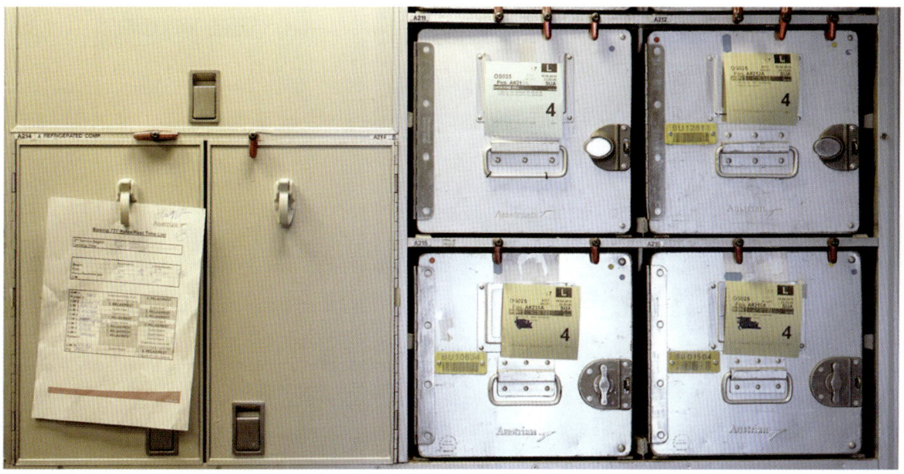

© enchanted_fairy/Shutterstock.com

Cart 기내 물품 운반 용구로 항공기에 따라 크기와 종류가 다양하다. 항공기 운항거리 및 기내 구조에 따라 full size cart와 half size cart로 구분되고, 용도에 따라 meal cart, liquor cart, waste cart, sales cart, serving cart 등으로 구분된다.

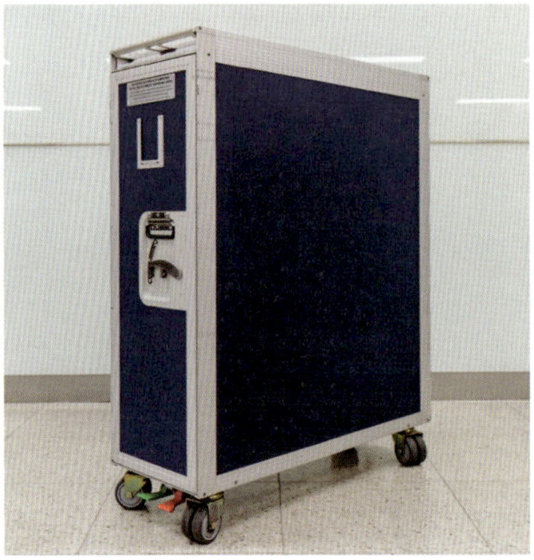

full size cart

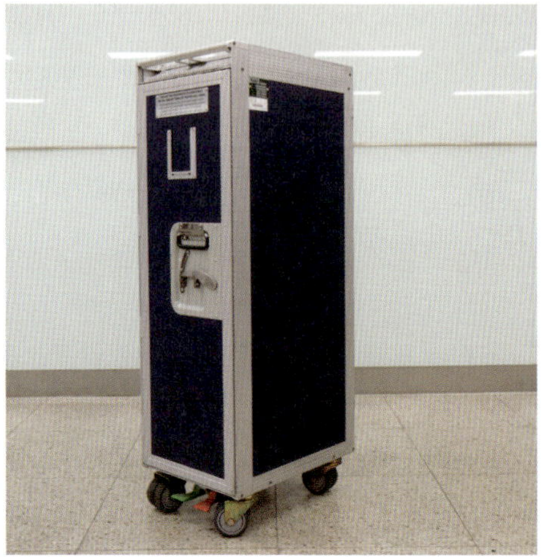

half size cart

Cart Presentation Sale 판매 품목을 진열대(cart)에 전시하여 승객에게 판매하는 방식을 말한다.

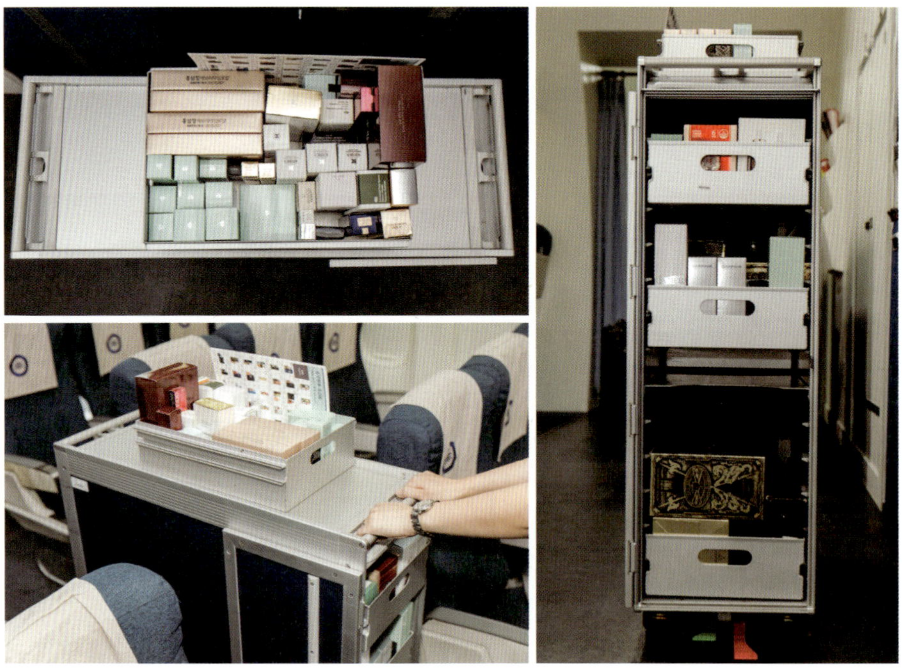

China Ware F/C, P/R class에서 사용하는 자기 재질의 고급 식기를 말한다.

Class Divider 기내의 동일 구역에 2개의 class가 있는 경우 class를 구분하기 위해 설치하는 칸막이를 말한다.

CMS cabin management system의 약자로 기내의 모든 entertainment 및 light, 공기순환 등을 통제하는 시스템이다.

Coatroom 승객이나 승무원의 coat 및 baggage를 보관할 수 있는 설비를 말한다.

© Myung Hye Ree

Coffee Maker 기내 커피 서비스를 위해 커피를 brewing하는 galley 장비의 하나이다.

© Myung Hye Ree

Compartment 사내 용품을 탑재하기 위해 galley 등에 설치된 space를 말한다.

Consumable Item 소모품 또는 서비스 용품으로 기내에 탑재되는 기용품 중 일회성 용도의 물품을 말한다.

Crew Layover 객실 승무원이 다음 비행 근무를 위해 호텔이나 회사에서 지정한 숙소에서 over night을 하는 것을 말한다.

Crew Rest 비행 소요 예정시간(scheduled flight time)이 8시간 이상인 직행 flight 및 객실 승무원 교대 없이 운항하는 두 구간의 비행 소요 예정시간의 합이 8시간 이상인 flight에서 객실 승무원이 비행 중 휴식을 취하는 것을 말한다.

Crew Rest Block Seat 비행 중 crew 휴식 시 객실 승무원이 교대로 휴식을 취할 수 있도록 block된 일정 좌석을 말한다(crew rest bunk: B747, B777, B787, A380 등 일부 기종에 설비된 승무원 휴게시설).

© Evgenia Parajanian/Shutterstock.com

Cross Aisle 기내에서 승객 및 승무원이 항공기 좌·우측으로 이동할 수 있도록 터놓은 통로를 말한다.

Cutlery 식탁용 knife, fork, butter knife, spoon 등 table ware의 일종으로 stainless steel, silver 등의 재질로 되어 있다.

© First Class Photography/Shutterstock.com

Dead Head Equipments station 간 원활한 기물 relation을 위해 해당 편에서는 사용되지 않으나 차후에 사용하기 위해 추가로 탑재되는 기물을 말한다.

Drapery class 구분 및 galley와 화장실 주위에 있는 기내 구조의 쾌적성을 위해 설치하는 커튼을 말한다.

Dry Item tea bag, baby material 등 일반적으로 상온에서 흔히 사용되는 용품을 말한다.

dry item 중 tea bag, sugar, cream 등 커피와 차 서비스를 위해 준비한 모습

Dry Galley 물품을 적재하는 compartment만 설비된 형태의 galley를 말한다. oven이나 coffee maker, 싱크대 등의 시설이 없고 meal cart나 서비스 용품의 보관 기능만 있다.

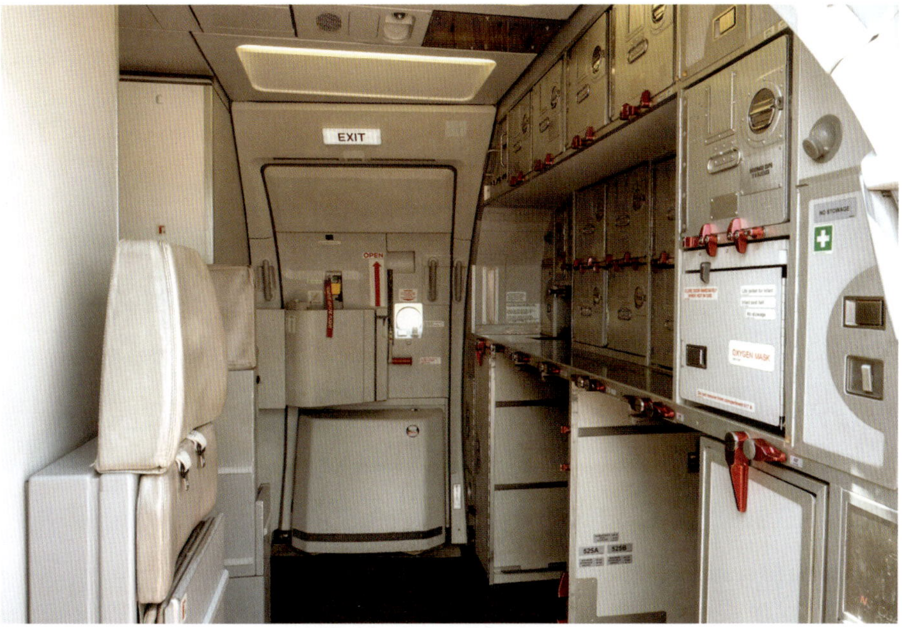

Duty Free Shop 공항 및 시내의 면세점을 말한다.

Extra Flight 편승 및 객실 승무원이 다음 승무를 위해 또는 승무를 마치고 할당된 업무 없이 공항과 공항 간을 자사나 타사 항공편으로 이동하는 것을 말하며 ferry flight을 포함한다. 비행시간 산정은 편승시간 산정 기준에 의한다.

Flip Flap Screen 기내에 장착된 대형 화면으로 평평한 panel 형태로 되어 있다. roll screen은 사용할 때에만 잡아당겨 펼칠 수 있도록 되어 있는 화면을 말한다.

Folding Down Table pullout table과 기능이 유사하나 working center와 같은 table을 내장할 장소가 없는 경우에 사용할 수 있는, 접어서 보관하고 펼쳐서 사용하는 work in table을 말한다.

Galley galley란 기내에서 서비스해야 할 각종 음식, 음료수, 기타 소모품, 서비스에 사용될 각종 기물(器物)을 탑재(搭載), 보관하는 시설로 주방 기능을 한다.

① Dry Galley: 물품을 적재하는 compartment만 설비된 형태의 galley를 말한다.

② Wet Galley: compartment와 조리에 필요한 electric system, water line, drainage system 등이 설비된 형태의 galley를 말한다.

Galley Diagram 보유 항공기별로 galley의 구조를 입체적으로 drawing한 도면을 말한다.

Galley Insert 기내의 galley 등에 고정하여 장착되는 용품이나 장비 등을 말한다(예: oven, coffee maker, water boiler, refrigerator 등).

galley 안에 장착된 water boiler

Giveaway 승객에게 탑승 기념으로 무료로 제공하는 물품이다. 서비스 노선, class, 계절에 따라 달리 운영하며 품목 선정이 수시로 바뀐다.

© Hazel P. Somera/Shutterstock.com

아시아나항공에서 제공하는 탑승 기념품

© Lee & Myung/CENGAGE

여러 항공사에서 제공하는 탑승 기념품

In-Flight Announcements 기내에서 승객에게 비행 중 서비스에 관한 내용, 시설 이용방법 및 여행에 필요한 각종 정보를 안내하는 한편 비행 안전사항에 대해서는 승객을 효율적으로 통제함으로써 승객의 안락하고 안전한 여행을 보장하기 위해 실시하는 방송을 말한다.

In-Flight Duty Free Sales service 측면과 회사 수입 제고를 위해 기내에서 세계 각국의 유명 상품을 저렴한 가격으로 판매하는 것을 말한다.

IVS(Individual Video Screen) 승객 좌석의 개인용 스크린을 말한다. IVS가 장착된 좌석에는 handset이 부착되어 기내 영화, 음악을 즐기거나 기내 판매 item 등 각종 정보를 조회할 수 있다(우리나라는 1997년부터 도입한 B777, B747, B787, A330, A380 등의 항공기에 장착되어 있다).

Korean Sound Track 특정 영화를 한국어로 녹음한 부분을 말한다. 항공사에서는 기내 상영을 위해 외화에 한국어를 더빙하고 있다.

Large Tray 기내식을 담는 tray로 그릇 크기가 큰 tray를 말한다. 예컨대 중 · 장거리 노선용 tray가 있다.

© Lee & Myung/CENGAGE

Loading 항공사 내에서 승객에게 서비스되는 기내식과 기용품을 기내의 지정된 위치에 적재하는 행위를 말한다.

Loading Plan catering 작업에 필요한 일반적 사항, A/C diagram, flight별 소요 기물, 탑재 위치, 방법 등에 대한 지침서를 말한다. 일명 catering operation manual이라고도 한다.

Meal Arrangement 효율적인 기내 서비스를 위해 기내식 탑재 위치를 class별로 분산 · 배치해 놓은 탑재 지침서를 말한다.

On-Duty Flight 객실 승무원이 항공기에 탑승하여 소정의 업무를 수행하는 것을 말한다.

Order Sale/Item 기내 판매품 중 승객이 사전주문 형태로 요청할 때에만 탑재하여 판매되는 방식을 말한다(주문 판매 품목).

Oven 기내식의 meal entree, bread, towel 등을 가열하여 승객의 기호에 맞게 서비스할 수 있는 heating 장비를 말한다.

© Lee & Myung/CENGAGE

Oven Rack/Pan meal을 세팅한 상태로 oven 안에 삽입할 수 있게 제작된 금속의 틀을 말한다. casserole을 세팅하는 판을 pan이라 하며, 전체의 틀을 rack이라 한다.

© Lee & Myung/CENGAGE

© Lee & Myung/CENGAGE

Perdium 승무원의 해외 체류 시 각 승무원이 사용할 수 있도록 회사에서 지급하는 해외체제 경비를 말한다.

POS point of sales 장비를 말한다. 기내 면세품에 부착된 바코드를 scanning하는 장비로, 기내 판매 현장에서 효율적인 업무 수행을 가능케 하는 전산장비를 말한다. 물품 판매, 대금 수수, 재고 관리 등을 수행하는 데 사용한다.

Pre-Light Check 객실 승무원이 항공기 탑승 직후부터 승객 탑승 전까지 항공기의 비상장비, 안전장비 등을 비행 전에 미리 점검하는 것을 말한다.

Pre-Order Service 승객이 기내 판매 물품을 사전주문하여 기내에서 물품을 구입하는 제도를 말한다. 전화 주문, 복편분 사전주문, 인터넷 주문을 총칭한다.

Pre-Recorded ANN 기내 안내 방송 일부를 chip 또는 tape에 저장하여 필요할 때 승무원이 버튼 조작을 하여 승객들에게 안내하는 방송을 말한다.

Pullout Table working center 내부에 설비되어 필요할 때 빼내어 사용할 수 있도록 만든 working table을 말한다.

Rub Strip meal cart 및 serving cart 이동 시 벽면을 보호하기 위해 부착된 bar를 말한다.

Safety Demonstration 객실 승무원이 항공기 이륙 전 비행 안전 및 비상시에 대비하여 승객에게 video 화면이나 실연(實演)으로 보여 주는 안전 시범을 말한다. 그 내용은 금연, 좌석벨트 사용법, 비상 탈출구 위치, life vest 위치와 사용법, 산소마스크 위치와 사용법 등으로 구성되어 있다.

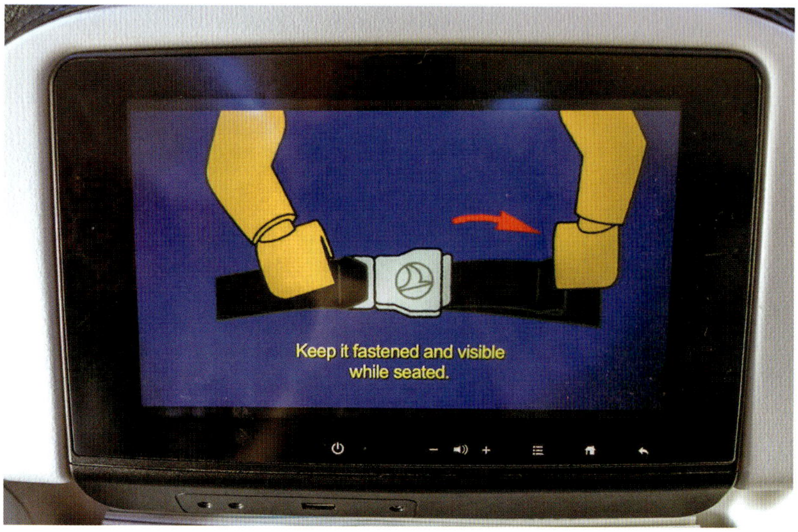

화면으로 시연되고 있는 안전 시범

Safety Demo Film 항공기 이륙 전 항공기 안전사항 및 비상시 항공기 탈출방법 등을 안내하는 비행 안전에 관련된 안내 영화를 말한다.

SCU(System Control Unit) 기내 영화의 power 및 zone별 on/off 기능 등을 조절하는 장비를 말한다.

Service Procedure 항공기의 현지 출발과 도착시간, 승객의 비행시간 등을 고려하여 노선별로 정한 기내 서비스의 순서를 말한다.

Serving Tool 객실 승무원이 기내에서 음료, meal service 등을 하기 위해 사용하는 보조 용기를 총칭한다.

Show-Up 객실 승무원이 할당받은 비행 근무를 하기 위해 지정된 시간 내에 출두하여 지정된 양식에 서명하는 것을 말한다.

Sky Shop 기내 판매 면세품을 게재한 shopping 안내 책자를 말한다.

© Lee & Myung/CENGAGE

Slide Mode Check slide mode에는 항공사의 door가 열릴 때 비상탈출 미끄럼 대를 자동으로 팽창시키는 mode와 팽창시키지 않는 mode가 있다. 이러한 mode를 점검하는 것을 말한다.

© Myung Hye Ree

정상 Mode

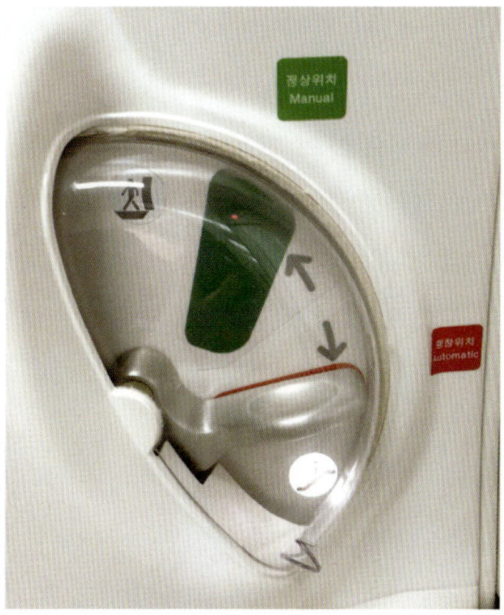

© Myung Hye Ree

팽창 Mode

SLQ(Standard Loading Quantity) 표준 탑재량을 말한다. 기종별, 노선별로 seat configuration 및 서비스 procedure 등을 고려하여 item별로 탑재량과 탑재 위치를 표준화한다.

Small Tray 기내식을 담는 tray로 그릇 크기가 작은 tray를 말한다. 예컨대 단거리 노선용 tray가 있다.

small tray와 large tray의 크기 비교

Stand-By 모든 정기 및 부정기편에서 결원이 발생할 경우 이의 충원을 위해 지정된 장소에서 대기하는 것을 말한다. 공항의 지정된 장소에서 대기하는 공항 대기(airport stand-by)와 거주지에서 대기하는 자택 대기(home stand-by)로 구분된다.

Synopsis 영화의 감독, 배우, 제작자, 줄거리 등에 대한 안내서를 말한다.

Table Ware meal tray에 세팅되는 기물을 총칭한다(china ware, plastic ware, glass ware 등).

상위클래스에서 제공되는 table ware

Trash Compactor 기내에서 수거된 쓰레기를 효율적으로 처리하여 부피를 줄이기 위한 쓰레기 압축기를 말한다.

© Myung Hye Ree

Tray Set Up tray를 기본으로 사용하는 기내식 서비스의 경우, 기내식 종류별로 tray를 구성하는 방법을 도식화한 것을 말한다.

Unloading 항공기 내에서 승객에게 서비스된 기내식 및 기용품의 잔량을 항공기에서 지상(차량)으로 내리는 행위를 말한다.

2. 객실 체조

항공업계의 경쟁이 치열해짐에 따라 항공사는 인적 · 물적 서비스를 결합한 새로운 형태의 서비스 프로그램을 개발하고 있다. 그러므로 승객들의 다양해진 취향과 요구를 만족하기 위해서는 어느 한 요소에만 치중한 서비스보다 여러 서비스가 조화롭게 결합된 종합 서비스 시스템이 필요하다.

기내의 좁은 좌석에서 장시간 움직이지 않고 기내식을 먹으며 비좁은 좌석에 앉아있기만 하면 제대로 소화시키지 못해 복부가 더부룩해지며 혈액순환이 잘 안 되어 다리가 붓거나 변비 등이 생길 수 있다. 그러므로 장시간 비행으로 인해 경직된 근육을 풀어 주기 위해서는 규칙적인 팔다리 운동과 스트레칭을 해 주는 것이 좋다. 이외에 옆구리 운동과 어깨 운동, 통로 걷기 운동 등 좁은 공간에 앉아서 간단하게 할 수 있는 체조를 미리 익혀 두는 것이 좋다.

1
stretching
2
stretching
3
Side bend
4
5
stretching

참고 문헌

김경숙(2003), 항공서비스론, 백산출판사

김연성 · 이지민(2010), 항공사 기내서비스의 서비스청사진분석에 관한 연구, 한국품질경영학회지

김명신 · 최기종(2001), 항공업무론, 학문사

김은희 · 김명숙 · 조주은(2004), 현대사회와 국제매너, 두양사

김은희 · 양희옥 · 조경희 · 조주은(2004), 항공식음료실무, 두양사

김재원(2005), 항공사경영론, 기문사

명혜리(2018), 객실 승무원의 직무특성이 마음챙김과 직무소진에 미치는 영향, 세종대학교 석사학위논문

명혜리(2021), 항공사 객실승무원의 표현규칙이 감정노동의 표면행위에 미치는 영향, 한국관광레저학회지

명혜리(2021), 항공사 객실승무원의 표현규칙, 회복탄력성, 감정노동 및 직무만족의 관계성 연구: 사회적 지지의 조절효과, 세종대학교 박사학위논문

명혜리 · 김형곤(2021), 항공사 객실승무원의 표현규칙, 회복탄력성, 감정노동 및 직무만족의 관계성 연구, 한국관광연구학회지

박시사(2020), 항공사경영론, 백산출판사

박천우(2009), 항공승무원 자질계발, 백산출판사

서비스경영연구회 편역(2004), 서비스경영, 한경사

서비스경영연구회 편저(2011), 서비스코어11, 한경사

신상태 · 김윤진(2019), 항공객실고객만족서비스, 센게이지러닝

알레인 해리스(2003), 고객서비스실무, 시그마프레스

이영희 · 박소연 · 박혜윤(2006), 현대인의 생활매너, 백산출판사

이영희 · 이지민(2017), NCS기반 항공객실서비스실무, 센게이지러닝

이영희 · 이지민 · 양정미(2006), 항공기식음료론, 연경문화사

이영희 · 이지민 · 임유정(2017), 항공승무원을 위한 기내 방송 스피치, 센게이지러닝

이영희 · 황혜진(2007), 기내 서비스 실무실습, 센게이지러닝

이지민(2007), 항공사 기내서비스프로세스 분석에 근거한 서비스품질 감사시스템개발에 관한 연구, 인하대학교 박사학위논문

이지민 · 박수미 · 박민자(2020), 항공기내식음료서비스실무, 센게이지러닝

이지민 · 윤승희(2017), 항공서비스론, 센게이지러닝

이지민 · 이지영(2018), 항공객실의무론, 센게이지러닝

이지영 · 이지민(2007), 항공사 객실승무원의 감정노동과 정서안정성이 심리적 소진에 미치는 영향, 대한스트레스학회지

정상천(2004), 기내구조 및 비행 안전, 기문사

정익준(2000), 항공운송관리론, 백산출판사

조주은 · 김은희(2004), 항공사업무론, 현학사

최기종 · 김명신(2001), 항공업무론, 학문사
최웅 · 조선배 · 고재윤 · 김종규 · 김수정 · 원갑연 · 김윤성(2008), HOTEL식음료실무, 석학당

대한항공, 객실승무원 업무규정집
대한항공, 객실승무원 이미지메이킹 교본
대한항공(2000), 상위클래스 Food & Beverage
대한항공(2021), 기내지 Morning Calm
아시아나항공, 객실승무원 업무규정집
아시아나항공, 기내방송 규정집
아시아나항공(2002), 신입사원 전문교육
아시아나항공(2002), 여객운송 초급
아시아나항공(2002), 이문화 이해
진에어(2020), 기내지 magaJIN
티웨이항공(2020), 기내지 t'way

국가직무능력표준 www.ncs.go.kr
국제민간항공기구 www.icao.int
국제항공운송협회 www.iata.org
네이버지식백과 www.search.naver.com
대한항공 www.kr.koreanair.com
아시아나항공 www.flyasiana.com
에미레이트항공 www.emirates.com
위키백과 ko.wikipedia.org/wiki/
진에어 www.jinair.net
티웨이항공 www.twayair.com

찾아보기

ㅇ

ㅈ

ㅊ